깨달음으로 이끄는 명상

— 비파사나(觀) —

마하시 사야도우 가르침

정　동　하 옮김

경 서 원

1995

이 책은
The Satipaṭṭhāna Vipassanā
Meditation
(The Venerable Mahāsi Sayādaw
Agga Mahāst Paṇḍita)
온전한 번역판 입니다.

Namo tassa bhagavato arahato samma-Sambuddhassa.!

모든 이들이 받드는 거룩하신분
최상의 깨달음을 얻으신
부처님께 경의를 표합니다.

차   례

제 1 부 늘 깨어 있는 삶
1. 이끄는 글 ··· 11
2. 비파사나 명상 ··· 15

제 2 부 깨달음으로 가는 명상
1. 이끄는 글 ··· 69
2. 기본수련 ··· 75
      예비단계 ··· 75
      기본수련 하나 ··· 78
      기본수련 둘 ··· 80
      기본수련 셋 ··· 81
      명상의 발전 ··· 91
      기본수련 넷 ··· 93
3. 더 나아간 수련 ··· 95
4. 니르바나로 가는 길 ··· 117
      성취의 앎 ·· 121

재관찰 ·· 123
더 높은 길(道)은 어떻게 얻는가? ················ 125
조 언 ·· 130
특별한 주의 ·· 131

※ 부 록
　명상의 방법 ······································ 134

제 1 부
늘 깨어 있는 삶

1. 이끄는 글

사티파타나(satipaṭṭhāna)[1] 또는 비파사나(vipassanā)는 부처님께서 정신적인 개발과 깨달음을 추구하는 모든 사람들에게 권장한 명상방법이다. 불교는 본질적으로 깨달음을 얻기 위한 육체적, 심리적 상태를 체계적으로 수련하는 것이다.

여기서 소개하는 명상은 불교 명상의 근본적인 수련방법으로서, 미얀마의 랭군에 있는 사사나 에익타(sasana yeiktha)명상센터의 구루(스승)이신 마하시 사야도우(mahasi-sayadaw)께서 가르친 내용이다.

이런 형태의 명상은 불교도나 비불교도 모두가 수련할 수 있는데 왜냐하면 이것의 목적은 수련자의 의식을 확장하고 그에게 자신의 마음을 올바로 직면하도록 해주기 때문이다.

불교심리학 또는 아비달마(abhidhamma)는 당신이 생각하는 마음은 당신이 아니라고 가르친다. 당신은 이미 당신의 육체가 당신이 아니라는 것을 알고 있다. 그러나 당신은 아직 당신의 마

---

[1] 사티파타나(sati-patthana)는 팔리 합성어인데 'sati'는 '주의하는' '깨어있음'을 patthana'는 '근처에 있음'을 뜻하는 것으로서 '늘 깨어있는 상태'를 의미한다. 그리고 비파사나(vipassana)는 통찰(洞察)을 뜻한다.

음이 당신이 아니라는 사실을 모르고 있는데, 왜냐하면 일반적으로 당신은 마음에서 일어나는 모든 생각, 느낌, 충동, 감정 또는 감각에 자신을 동일시 하고있기 때문이다.

　명상수련을 통하여 당신은 이 다양한 생각과 느낌들의 일어남과 가라앉음, 나타남과 사라짐을 관찰하게 되고 점차적으로 그런것들로부터 떨어져 나가는 감각을 발전시키게 된다. 그때 당신은 더이상 정신적 고민에 의해서 사로잡히지 않는다. 이것은 내부 깊숙한 곳에서 평화와 고요함으로 이끈다. 더높은 수행을 통하여 당신은 통찰과 지혜를 발전시키는데, 이것은 망상과 어리석음의 베일을 뚫고 들어가서 그 저변에 놓여있는 실재를 의식하는 힘이다.

　미얀마 유니온의 의장과 랭군의 부다 사느나누가회의 회장의 요청으로 마하시 사야도우는 1949. 11. 10 쉐보에서 랭군으로 왔다. 랭군의 타타나 에익타에 있는 명상센터는 공식적으로 1949. 12. 4일에 열었는데 그때 마하시 사야도우는 25명의 제자들에게 사티파타나 바파사나(깨어있는 것을 통한 통찰명상)의 명상을 체계적으로 수련하는 것을 지도해 주었다.

　명상센터를 여는 첫날부터 사티파타나 비파사나의 목적, 수련 방법, 그것으로 부터 얻어지는 효과등에 대해서 참가한 사람들에게 거의 매일 자세하게 강의하면서 집중적으로 수행을 하도록 이끌었다.

강의는 보통 한시간 삼십분 정도로 하였는데, 거의 매일 이렇게 강의하는데는 어려움이 있었다. 다행이도 부다사사나누가회가 이러한 사정을 돕기 위하여 녹음기를 기증했다. 이것으로 1951. 7. 27일 수련을 받고있는 15명의 수련자들에게 강의할 내용을 녹음하였다. 그리고 그 이후에는 거의 날마다 마하시 사야도우가 먼저 사람들에게 약간 설명한 다음에 녹음된 내용을 들려주었다.

사티파타나 비파사나 명상센터 지부는 물론, 일반인들의 요청에 의해서 이 강의 내용이 1954년 책으로 출판된후 지금 몇번의 판(版)을 거듭하고 있다. 또한 불교에 진지한 관심을 갖고 있는 다른 외국의 불교도들의 열렬한 요구의 의해서 이 강의는 재가불자인 우페틴과 요가 수행자이면서 번역가인 요기 마하시, 일찌기 이 센타에서 비파사나 명상 수련의 과정을 거친 리어 어드미랄 사톡에 의해서 영어로 번역되었다.

*여기에 나오는 중요한 불교 용어의 풀이

1. 담마(Dhamma ; St. Dharma) : 1) 부처님의 교리 2) 진리 3) 궁극적 실재 4) 삶의 올바른 행위 5) 의식의 형태와 결합된 궁극적인 것

2. 나나(NaNa ; 智) : 영적인 인식, 높은 정신적 앎의 명지(明智), 이런 형태의 개인적인 인식을 의미

3. 삼마디(Samadhi ; 三昧) : 1) 일반적인 주의 2) 마음이 집중되어 한 마음이 되는 것(心一境性) 3) 초월적인 상태 4) 깨어있는 명상을 일컫는 일반적인 명칭

불교심리학의 목적은 마음이란 근본적으로 많은 수의 담마(dhammas)라 불리는 심리적 요인들의 비개체적인 움직임으로 구성되었다는 것을 보여주는데 있다.

주의깊은 관찰을 통하여 우리는 오온(五蘊)[2]에 자아 또는 영혼이라고 부르는 영원한 것이 비어있음을 깨닫게 된다.

이것을 깨닫게 되면 끊임없이 마음에서 일어나는 감각, 느낌, 생각, 관념, 충동등에서 벗어나게 된다. 우리의 존재를 통찰하여 그것이 비어있음을 완전히 깨달은 것을 智(panna) 또는 지혜라고 부른다.

유 메인 마웅(U Myint Maung)

---

[2] 오온 : 인간을 구성하는 다섯가지 모임 즉, 色(물질), 受(느낌), 想(인식), 行(의지), 識(의식).

2. 비파사나 명상

완전히 깨달은자, 부처님께 경의를 표합니다.

부처님의 가르침을 살펴보면, 모든 사람들에게 가장 중요한 것은 계(戒), 정(定), 혜(慧)를 닦는 것임을 알 수 있다. 인간은 분명히 이 세가지의 덕목을 갖고 있다. 계(戒)에 있어서 재가신자들은 최소한의 수단으로 5계를 지킨다. 그리고 승려들은 여러가지 규칙적인 행위를 닦는다.

누구든지 계(戒)를 잘 닦은자는 인간이나 천신(天神)의 행복한 존재로 다시 태어난다. 그러나 평범한 세속적인 계율을 닦아서는 지옥, 아귀, 축생 같은 비참한 낮은 상태로 다시 떨어지는 것을 막을 수 없다.

그러므로 초세속적인 계(戒)도 함께 닦는 것이 바람직하다. 이것은 마가-팔라실라(magga-phalasila ; 道—果戒)[3]이다.

어떤 사람이 이러한 계율을 잘 지키었을때, 그는 더 낮은 상태로 떨어지는 것으로부터 안전하며, 인간이나 천신으로 다시 태

---

3) magga(道)—phala(果) : 길—성취, 성인(聖人)의 깨달음의 단계.
　네쌍의 사람들(四位)은 성스러운 네길(四道)과 이에 상응하는 성스러운 네가지 성취(四果)를 얻은자들로 구성된다. 일단 이 단계에 들어서야 니르

어나 항상 행복한 생활을 영위할 수 있다. 그러므로 모든 사람은 자신의 삶의 관점을 초세속적인 계(戒)를 닦기위해 부지런히 정진하는 데 두어야 한다. 누구든지 성실하게 그리고 진지한 자세로 노력하는 자에게는 성공할 수 있는 모든 가능성이 있다.

만약에 누군가가 이와같이 더 높은 품성을 얻을 수 있는 좋은 기회를 얻는데 실패하면 그것은 참으로 불행한 일이다. 왜냐하면 그는 조만간에 그 자신의 악업의 희생자가 될것이기 때문이다. 이 악업은 그를 지옥, 아귀, 축생의 비참한 존재의 낮은 상태로 떨어뜨리고, 여기서는 그의 수명이 수백, 수천, 수억년동안 지속된다.

따라서 여기서는 부처님의 가르침을 따르면서 노력하는 것이야말로 마가―팔라실라(magga-phalasila;道―果戒)를 얻는데 매우 좋은 기회임을 강조한다. 단지 계율만을 수련하는 것은 적절한 방법이 못된다. 집중을 수행하는 것이 또한 필요한데 집중은 마음이 몰입되거나 고요한 상태이다.

바나를 얻는 것이 보장된다.(이 책에서 자주 언급되므로 잘 이해해두기 바란다.)
(1) 예류자(預流者) : 성인의 흐름에 들어간자. 인간을 감각적 세계에 묶는 열개의 속박중 앞의 세개 즉, 자아가 있다는 믿음. 회의적인 의심 사소한 계율과 의식에 집착하는 것에서 자유롭게 된 자.
(2) 일래자(一來者) : 욕계(欲界)에 한번 돌아오는자. 열개의 속박중 네번째와 다섯번째 즉, 감각적 욕망과 악의를 무너뜨린 자.
(3) 불환자(不還者) : 욕계에 다시는 돌아오지 않는자. 니르바나에 도달하기 전에 감각적 세계에 더 이상 태어나지 않는 자.
(4) 아라한(阿羅漢) : 완전히 깨달은자. 색계, 무색계에 대한 갈망, 자만, 불안, 무지에서 완전히 자유롭게 된 자.

일반적으로 길들여지지 않은 마음은 한곳에 머무르지 못하고 끊임없이 어떤 생각, 사고, 상상, 사변적인 것을 찾아다니는 습성이 있다. 이렇게 산란한 마음을 안정시키기 위해서, 어떤 대상을 선택해 그곳을 계속 주시하는 집중의 훈련이 필요하다.

　훈련이 잘됨에 따라 산란한 마음은 점차 누그러지면서 선택된 대상에 주시하게 된다. 이것이 집중이다. 이러한 집중에는 두가지 형태가 있는데, 즉 일반적인 집중과 초세속적인 집중이다.

　이들중 고요한 명상의 수련 즉, 수식관(數息觀), 자비관(慈悲觀)같은 명상은 색계(色界)의 사선정(四禪定), 무색계(無色界)의 사선정(四禪定)[4]같은 세속적인 선정의 상태를 발전시킬 수 있다. 이 선정의 공덕에 의해서 인간은 범천계(梵天界)에 태어날 수 있다. 범천계의 수명은 매우 길어서 그 기간은 세계의 순환 주기가 한번, 두번, 세번, 여덟번에서 때에 따라서 8만 4천번까지 오래도록 간다.

　그러나 범천의 수명도 결국에는 다하게 되고, 인간이나 천신으로 다시 태어나야 한다. 만약 그가 항상 고결한 생활을 영위해

---

4) ▨ 색계의 사선정
  (1) 제1단계 : 모든 감정의 동요가 사라진다.
  (2) 제2단계 : 기쁨이 일어나면서 마음이 집중된다.
  (3) 제3단계 : 마음의 통일과 지혜가 일어난다.
  (4) 제4단계 : 지혜의 헤아림도 소멸하여 단지 청정한 마음만 있다.
 ▨ 무색계의 사선정
  (1) 空無邊處定 : 모든 것은 경계없는 공간으로 보고
  (2) 識無邊處定 : 다음에는 무한한 의식으로 보며
  (3) 非想非非想定 : 지각도 아니고 무지각도 아닌 상태이며
  (4) 滅受想定 : 마지막으로 지각과 감정이 소멸한 상태이다.

나간다면 더 높은 세계에서 행복한 생활을 해나갈 수 있다. 그렇지만 그는 아직 번뇌에서 자유롭지 못하기 때문에 잘못된 행동을 범할 수 있는 가능성이 많다. 그러면 그는 자신이 지은 악업에 의해서 지옥이나 다른 비참한 존재의 낮은 상태로 다시 태어난다.

이러한 세속적인 선정 또한 당신을 결정적으로 안전하게 해주지는 못한다. 그러므로 초세속적인 수행을 하는 것이 요구되는데, 이것이 바로 마가 삼마디(magga samadhi;道三昧)와 팔라 삼마디(phala samadhi;果三昧)이다. 이러한 집중은 지혜를 개발시키는데 필수적인 것이다.

지혜에는 두가지가 있다. 즉, 세속적(世俗的)인 것과 초세속적(超世俗的)인 것이다. 오늘날 일반적으로 문학, 예술, 과학 또는 세속적인 일에 대해 아는 것을 일종의 지혜라고 여긴다. 그러나 이러한 형태의 지혜는 명상을 통해 얻어지는 지혜와는 관계가 없다. 이것은 올바른 지혜로 간주될 수 없다. 왜냐하면 많은 파괴적인 무기들이 이러한 지혜를 통해서 고안되었으며, 이것들은 항상 탐욕, 미움 그리고 다른 사악한 동기에 의해서 지배당하고 있다.

세속적인 지혜의 참된정신은 인류에 도움을 주는 것이며, 어떠한 해(害)도 끼치지 않는데 있다.

어떠한 해(害)도 야기시키지 않는 사회복지 사업에 관한 지식, 경전의 진실한 의미를 알기위해 배우는것, 그리고 비파사나(통

찰) 명상에서의 세개의 부류의 지혜
—배움에 바탕을 둔 지혜(suta - maya - Panna)
—생각에 바탕을 둔 지혜(cinta - maya - Panna)
—정신적 발달에 바탕을 둔 지혜(bhavana - maya - Panna)
는 세속적인 지혜(lokiya - panna)이다.

세속적인 지혜의 공덕은 더 높은 세계에서 행복한 생활을 하지만, 언젠가는 지옥이나 다른 비참한 존재의 세계로 다시 떨어지는 위험을 막을 수 없다. 오로지 초세속적인 지혜의 수련만이 결정적으로 이러한 위험을 제거할 수 있다. 초세속적인 지혜는 magga(道) - phala(果)이다. 이 지혜를 닦기 위하여서는 계, 정, 혜를 닦는 수행은 물론 비파사나 명상 수련을 해야한다.

올바른 지혜를 닦았을때 계(戒)와 정(定) 또한 얻을 수 있다. 이 지혜를 닦는 방법은 몸에 존재하고 있는 두개의 요소인 물질과 마음의 진실한 형태를 알려는 목적을 가지고 관찰하는 것이다.

물질의 구성에 대한 분석은 실험실에서 여러 종류의 실험기구를 통하여 이루어지고 있다. 그러나 이러한 방법으로 마음의 구성을 분석할 수는 없다. 그렇지만 부처님께서 가르친 방법은 어떠한 종류의 실험기구나 외부의 도움을 필요로 하지 않는다. 이것은 자신에게서 일어나는 물질과 마음의 모든 움직임을 주의깊게 관찰하여 분석하는 것이다.

이러한 형태의 관찰을 끊임없이 되풀이하면서 필요한 집중을 얻을 수 있으며, 집중이 충분히 되었을때 물질과 마음이 일어나고 사라지는 끊임없는 과정을 명확하게 인식할 수 있다. 몸은 물질과 정신의 두개의 서로 다른 모임으로 구성되어 있다. 그중에서 몸의 고체성(地)은 물질의 모임에 포함된다. 이러한 물질의 모임에는 고체성(地), 유동성(水), 열성(火), 운동성(風), 눈(眼), 형상(形相) 등으로 구성된 28개의 종류가 있다. 따라서 이몸은 물질의 덩어리임을 알 수 있다.

예를들면 이것은 진흙이나 밀가루로 만든 인형이 그재료들의 모임에 불과한것과 같은 것이다. 물질은 대상에 대한 어떠한 앎의 기능도 갖고 있지 않다.

아비다르마는 형이상학과 심리학을 다루고 있는데, 정신과 물질의 요소에 대하여 의식이 있는 것과 의식이 없는 것으로 각각 구분하고 있다. 정신의 요소는 대상을 생각하거나 대상을 아는 기능이 있는 반면에 물질의 요소는 대상을 생각하지도 못하고 대상을 알지도 못한다.

그래서 아비다르마는 물질의 요소에는 대상을 아는 기능이 없다고 설명한다. 요기(수행자)들도 이와같이 물질적인 요소는 앎의 기능을 갖고 있지 않다는 것을 인식하고 있다. 나무못과 기둥, 벽돌과 돌 그리고 흙덩어리는 물질의 모임이다. 그것들은 어떠한 앎의 기능도 갖고 있지 않다. 마찬가지로 살아있는 몸을 구성하고 있는 물질적 요소도 앎의 기능을 갖고있지 않다. 시체의 물질적 요소들은 물론 살아있는 몸의 물질적 요소들도 앎의 기능이 없다. 그러나 사람들은 일반적으로 살아있는 몸의 물질적인 요소는 대상에 대한 앎의 기능을 갖고 있다고 생각한다.

그러면 지금 대상을 아는것은 무엇일까? 이것은 물질에 의존해서 나오는 정신의 요소이다. 이것은 마음이라고 불리며, 마음은 대상에 의지한다. 마음은 또한 '생각'이나 '의식'으로 불린다. 그러므로 마음은 물질에 의존해서 일어난다.

눈에 의존해서 봄(眼識)이 일어난다.

귀에 의존해서 들음(耳識)이 일어난다.

코에 의존해서 냄새맡음(鼻識)이 일어난다.

혀에 의존해서 맛봄(舌識)이 일어난다.

몸에 의존해서 만짐(觸識)이 일어난다.

신체의 모든 부분에서 여러가지 행위가 이루어지는 동안 보고 듣고 냄새맡고 맛보는 감각은 신체의 제한된 부분을 점유하고 있는 눈, 귀, 코, 혀, 몸에 각각 반응하여 생긴다. 만지고, 보고, 맛보는 감각들이 바로 정신의 요소이다. 또한 정신에 의존해서 의식(意識:즉, 생각, 관념, 상상 등)이 생긴다. 이는 모두가 정신의 요소이다. 마음은 일반적으로 대상을 아는데 반하여 물질은 그것을 모른다.

보는것에 관하여 사람들은 실제적으로 보는것이 눈이라고 믿는다. 그들은 보는것과 눈은 하나이며, 같은 것이라고 생각한다. 그들은 또한 '보는것은 나다' '내가 사물을 본다' '눈과 보는것 그리고 나는 하나이며 같은 개체이다'라고 생각한다. 하지만 사실은 그렇지가 않다. 눈은 하나의 사물이며 보는것은 또다른 것이다. 그리고 '나' '영혼'같은 분리된 존재는 없다.

오로지 눈에 의존해서 '봄'이 생기는 사실만이 있을 뿐이다.

예를들면 이것은 집에 앉아있는 사람의 경우와 같다. 집과 사람은 두개의 분리된 사물이다. 집은 사람이 아니며 사람 또한 집이 아니다. 보는 것에 있어서도 이와 마찬가지이다. 눈과 보는것은 두개의 분리된 것이며, 눈은 보는 것이 아니며, 또한 보는 것은 눈이 아니다.

또다른 예를 들어보면, 이것은 방안에 있는 사람이 창문을 열고 그것을 통해서 많은 것을 보는 경우와 같다.

만약 그에게 '그것을 보는것이 누구인가? 실제로 보는 것은 창문인가 아니면 사람인가?'라고 묻는다면 그는 '창문은 그것을 볼 수 있는 능력이 없다. 오로지 사람만이 밖을 본다'라고 대답할 것이다. 만약 다시 '그 사람은 창문이 없이 밖에 있는 것을 볼 수 있느냐'라고 묻는다면, 그는 '창문이 없이 벽을 통하여 사물을 볼 수는 없다. 사람은 오로지 창문을 통해서만 볼 수 있다'라고 대답할 것이다.

이와 마찬가지로 보는 경우에 있어서는 눈과 봄의 두개의 분리된 것이 있다. 눈은 봄이 아니며, 봄 또한 눈이 아니다. 그러나 눈이 없이 보는 작용이 있을 수 없다. 사실 '봄'은 눈에 의해서 생겨난다.

이제 보는 순간에 바라봄에는 물질(눈)과 정신(봄)의 두개의 다른 요소가 있다는 사실이 분명해진다. 이외에도 또한 물질(시각적 대상)의 세번째 요소가 있다. 때때로 시각적 대상은 몸의 밖에서 두드러진다. 만약에 시각적 대상을 덧붙이면 세개의 요소가 되는데 그들중 눈과 시각적 대상의 두요소는 물질이고, 세번째인 봄은 정신의 요소이다. 물적인 요소인 눈과 시각적 대상은 대상을 아는 어떠한 능력도 갖고있지 않은 반면에, 정신적 요소인 봄은 시각적 대상과 그것이 무엇인지를 알 수 있는 능력이 있다.

이제 한 순간에 물질과 정신의 두개의 다른 요소가 존재하며, 이러한 상호작용에 의해서 일어나는 것이 '봄'으로 알려지고 있다는 사실을 분명히 알 수 있다.

비파사나 명상에 대한 지식이나 수련을 해보지 않은 사람은 마음을 '자아나 에고우' 살아있는 존재, 개체에 속하거나 그 자체라고 생각한다. 그들은 '보는것이 나다' 또는 '나는 보고있다' '나는 알고 있다'라고 믿고 있다. 이러한 종류의 견해나 믿음은 자아가 있다는 잘못된 견해 삭카야—디티(sakkaya - ditthi ; 有身見)[5]이라고 부른다.

보는 순간에 실제로 존재하는 것들은 물질의 모임에 속하는 눈과 시각적 대상 그리고 정신적 모임에 속하는 봄이다. 이 두개의 종류는 실재로 존재한다. 그러나 사람들은 물질적, 정신적 요소들의 이러한 모임을 '자아' '에고우' 또는 '살아있는 존재'라고 인식한다. 그들은 '보는것은 나다' '보이는 것은 나이다' '나는 나의 몸을 본다'라고 생각한다.

이와같이 해서 이 잘못된 견해는 단순히 보는 행위에 대하여

---

[5] 이것은 보통 atman(有我)라는 표현을 많이 사용한다.

'자아'라는 태도를 취하는데, 이것이 유아견(有我見)이다. 우리가 유아견에서 벗어나지 않는한 지옥, 아귀 또는 축생의 비참한 존재로 떨어지는 위험으로부터 피할 수 없다. 비록 그가 쌓은 선업의 공덕에 의해서 인간계나 천상계에서 행복한 생활을 영위한다 해도 언젠가는 그의 선업이 다했을때 비참한 삶의 상태로 다시 떨어지게 된다.

이러한 이유로해서 부처님께서는 유아견을 완전히 제거하는 수행을 하는 것이 필요하다고 가르쳤다.

Sakkaya ditthippahanaya sato bhikkhu paribbaje
―비구는 관찰을 통하여 유아견에서 벗어나야 한다―

비록 모든 사람이 늙고 병들고 죽는것을 피하기를 바라지만, 아무도 이것을 도와줄 수 없고 어쩔 수 없이 언젠가는 그것들에게 굴복해야 한다. 죽은후에 재탄생이 뒤 따른다. 어떠한 상태의 존재로 다시 태어나는 것은 자신의 의지대로 되지 않는다. 단순히 생각만으로 지옥, 아귀, 축생계에 다시 태어나는 것을 피할 수 없다.

재탄생은 자신의 행위의 결과로 이루어지기 때문에 여기에는 선택의 여지가 없다. 그러므로 윤회(輪廻)의 비참한 상태에 대해서 철저히 인식해야 되고, 끊임없는 '순환' 속에서 벗어나야 하며, 니르바나를 얻기 위하여 모든 노력을 기울여야 한다.

만약에 육도윤회(六途輪廻)[6]에서 벗어나는 것이 당분간 불가

---

6) 육도 : 지옥, 아귀, 축생, 아수라, 인간, 천신

능하다면, 최소한 지옥, 아귀, 축생계에 다시 태어나는 것에서 벗어날 수 있도록 노력해야 한다. 그러기 위해서는 '나'가 있다는 잘못된 견해―비참한 상태로 다시 태어나는 근원(根源)―을 완전히 제거하는 노력이 필요하다.

이러한 잘못된 견해는 오로지 아리야마가―팔라(ariyama-gga-phala ; 聖道―果), 계율, 집중, 지혜의 공덕에 의해서 완전히 소멸될 수 있다. 그러므로 이러한 덕행을 닦기위해 노력하는 것이 절대적으로 요구된다.

어떻게 노력할 것인가?

그것은 없음(無) 또는 주의깊은 관찰에 의해서 (sato)번뇌의 영역에서 벗어나야 한다(Paribbaje). 명상자는 몸을 구성한 육체적 정신적 과정 즉 보고, 듣고, 느끼는 등의 모든 행위를 항상 '없음' 또는 '관찰'에 의해서 유아견에서 자유로울 때까지 수련해야 한다.

이러한 이유로해서 여기서는 비파사나 명상에 대해 집중적으로 가르칠 것이다. 지금 수련자들이 비파사나 명상을 배우기 위하여 여기에 왔는데 여러분 중에는 수련의 과정을 완벽히 이행해서 가까운 시일안에 아리야 마가(ariya-magga ; 聖道)를 얻는 수도 있을 것이다. 그러면 유아견이 완전히 제거되고 지옥, 아귀, 축생계에 다시 태어나는 위험으로부터 벗어날 수 있다.

이러한 면에서 이 수련은 봄의 모든 행위를 오로지 주시하고 관찰하는 것이다. 즉 보는 행위에 대해서 '바라봄, 바라봄'으로 주시해야 한다. '바라봄, 바라봄'에 마음을 고정해서 지켜보고 있는 동안 때때로 시각적 대상 또는 안식(眼識) 또는 안근(眼根)이 주시된다.

만약에 수련자가 셋중에 어느 하나라도 분명히 주시할 수 있으면 그것은 수련의 목적에 도움이 된다. 하지만 그렇지 못할 경우, 바라봄의 이러한 행위에 근거해서 자아라는 잘못된 견해가 생기는데, 이것은 사람의 형태나 사람에게 속한것 그리고 영원, 행복, 나라는 생각을 갖게해서 집착과 갈애(渴愛)를 생기게 할 것이다.

번뇌는 행위를 야기시키고 다시 행위는 새로운 존재의 재탄생을 불러 일으킨다. 이와같이 해서 윤회의 악순환은 끊임없이 되풀이된다. 그러므로 바라보는 행위에서 이러한 잘못된 행위의 견해를 제거하기 위해 봄의 모든 경우에 '바라봄, 바라봄'으로 주시하는 것이 필요하다.

마찬가지로 듣는 경우에도 물질과 정신의 두개의 요소가 있다. 듣는 감각은 귀에 의존해서 일어난다. 귀와 소리는 물질의 두개의 요소인 반면에 듣는 감각은 정신의 요소이다.

물질과 정신의 두개중 어느것이라도 분명히 알기 위하여 모든 듣는 경우에 '들음, 들음'이라고 주시해야 한다. 마찬가지로 모든 냄새 맡는 경우에 '냄새 맡음, 냄새 맡음'이라고 하고, 모든 맛보는 경우에 '맛봄, 맛봄'이라고 주시해야 한다.

또한 신체에 접촉하고 있는 감각을 알거나 느끼는 경우에도 주의를 기울여야 한다. 온몸에는 신경조직인 물질적요소가 있는데 이것은 접촉의 모든 느낌을 받는다. 마음에 들거나 마음에 들지 않는 모든 종류의 접촉은 일반적으로 신경조직과 부딪쳐서 생기며 여기서 모든 경우에 접촉을 느끼면서 촉식(觸識)이 일어난다.

그러므로 접촉의 모든 경우에는 물질의 두개의 요소 즉, 감각기관과 접촉의 대상, 그리고 정신의 요소 즉, 접촉의 앎이 있다는 것을 알 수 있다. 이것을 분명히 알기위하여 접촉의 모든 순간마다 '만짐'이라고 의식하는 훈련이 필요하다.

이것은 단순히 촉감의 일반적인 형태를 말한 것이다. 이에 반하여 특별난 형태들이 있는데 이것들은 몸이나 다리가 피곤하거나, 뻐근한 느낌, 뜨거운 느낌, 고통스러운 느낌, 마비된 느낌 등의 고통스럽거나 불만족스러운 느낌을 수반한다. 이 경우에 느낌이 지배하기 때문에 각각에 대해서 뜨거운 느낌, 피곤한 느낌, 고통스러운 느낌 등으로 의식해야 한다. 또한 손과발 등이 구부리거나 펴거나 움직일때 접촉의 많은 감각이 일어난다. 마음이 움직이고, 펴고 구부리기를 원하기 때문에 이에 따라서 움직임, 펼침, 구부림 등의 물질적인 움직임이 일어난다. (지금으로서는 이러한 것을 인식하기가 어렵다. 이것들은 어느정도 수행을 거친후에 만이 알 수 있다. 여기서는 우선 이러한 사실을 알고만 있으면 된다.)

움직임, 변화등에서 모든 행위들은 마음에 의해서 이루어진다. 마음이 구부리려고 하면 손이나 발의 움직임이 안쪽으로 일어난다. 마음이 펴거나 움직이려고 하면 일련의 외적인 움직임 또는 그에 따른 각각의 움직임이 일어난다.그것들은 일어나는 그 순간에 사라지거나 또는 조만간에 사라진다. (여러분은 이러한 것들을 조만간에 알게 될 것이다.) 구부리고 펴고 또는 다른 활동의 모든 경우에 가장 먼저 일련의 마음의 의지 또는 의도가 일어나고, 그 다음에 펴거나 구부림 또는 일련의 물질적인 움직임이 손과 발에서 일어난다. 이러한 활동들은 신경조직 같은 다른 물질적인 요소에 작용해서 일어나고 물질적 활동과 감각 사이에 접촉이 일어나는 모든 경우에 접촉의 감각을 알거나 느끼는 촉식(觸識)이 일어난다.

그래서 이 경우에 물질적인 활동들이 지배적인 요소라는 사실이 분명해진다. 이러한 지배적인 요소들을 인식하는 것이 필요하다. 만약 그렇지 못하면 이러한 활동을 '나는 구부리고 있다', '나는 펴고있다' 또는 '나의발 나의손'이라고 잘못 생각할 것이다. '구부림, 폄, 움직임'같은 것을 인식하는 훈련은 이러한 잘못된 견해를 제거하기 위한 목적으로 실행되고 있다.

생각, 상상같은 일련의 정신적 활동이 의근(意根)에 의존해서 일어나는데 이것은 곧 일련의 정신적 활동이 이 몸에 의존해서 일어난다고 할 수 있다.

사실 모든 경우가 물질과 정신의 결합이다. 의근(意根) 또는 몸은 물질이며 반면에 생각, 상상 등은 정신이다. 물질과 정신을 분명히 알기 위하여 모든 경우에 '생각, 상상'등으로 인식해야 한다.

앞에서 잠깐 언급한 방법으로 수련을 하면 집중의 향상이 있을 것이다. 명상자의 마음이 더이상 산란하지 않고 선택한 대상에 고정되어 지속될 것이다. 동시에 관찰력은 상상할 정도로 발전된다. 모든 경우에 그는 오로지 물질과 정신의 두개의 과정만을 주시한다.

다시 명상수련을 계속 해나가면 명상자는 영원한 것은 아무것도 없으며 모든것은 항상 변한다는 사실을 알게된다. 새로운 것은 매순간마다 일어난다. 그리고 일어나는 매순간마다 주시된다. 다시 새로운 것이 사라지면 즉시 다른것이 일어나고 그것이 인식되면 다시 사라진다.

이와같이 일어나고 사라지는 과정의 연속은 분명히 아무것도 영원하지 않음을 보여준다. 그래서 명상자는 '사물은 영원하지 않다'라는 것을 확신한다. 왜냐하면 그것은 주시하는 모든 순간에 일어나고 사라지는 것을 알 수 있기 때문이다. 이것이 바로 무상(無常)에 대해서 통찰하는 방법이다. 그리고 나서 명상자는 일어나고 사라지는 것이 바람직하지 않은 상태임을 확신하게 된다. 이것은 괴로움에 대한 통찰이다. 이외에도 명상자는 일반적으로 몸에서 피곤함, 뜨거움, 고통, 아픔 같은 많은 고통스러운 감각을 경험한다. 그리고 이러한 감각들을 주의하는 순간에 이 몸은 고통의 덩어리라는 것을 느낀다. 이것 또한 괴로움을 통찰하는 것이다.

그리고 주시하는 모든 순간에 마음과 물질의 요소가 각각의 성질과 조건에 따라서 일어나며 자신의 의지에 의해서 일어나지 않음을 알게 된다. 그래서 명상자는 그것들이 단순히 몸을 구성하고 있는 요소들이라는 것을 확신한다. 그것들은 통제할 수 없다. 그것은 (개인으로서의) 사람, 또는 살아있는 존재가 아니다. 이것은 무아(無我)에 대한 통찰이다.

　무상, 무아에 대해서 완전히 이해하면 마가나나(magga-nana ; 道智), 팔라나나(phalanana ;果智)가 생기고 이어서 니르바나를 얻을 수 있다. 수행자는 깨달음의 첫째 단계를 얻어서 낮은 존재의 불행한 상태에 다시 태어나는 것으로부터 자유롭게 된다. 그러므로 모든 사람이 최소한 첫째 단계는 얻도록 노력을 해야한다.

　비파사나 명상수련에 대해서는 여섯개의 감각기관에서 보고, 듣고, 느끼는 일련의 과정을 주의, 관찰 또는 명상하는 것이라고 이미 설명하였다. 그렇지만 초보자가 일어나는 일련의 과정을 모두 주시하는 것은 불가능하다. 아직은 그의 깨어있음, 집중, 지혜의 정도가 매우 약하기 때문이다.

　보고, 듣고, 느끼는 일련의 행위들은 순간적으로 일어난다. 그래서 보는것은 듣는 순간에 일어나는 것처럼 보이고, 듣는것은 보는 순간에 일어나는 것처럼 보이는가 하면, 보고 듣는것이 보는 순간에 일어나는 것처럼 보이거나 보고 듣는것이 동시에 일어나는 것처럼 보이기도 한다. 어떤 경우에는 보고, 듣고, 생각하고 상상하는 세개 또는 네개의 과정이 동시에 일어나는 것처럼 보일때도 있다.

　이러한 과정들이 매우 빠르게 일어나기 때문에 어느것이 먼저 일어나고 어느것이 그 다음에 일어나는지 구별하는 것은 불가능하다. 사실 듣는 순간에 보는것이 일어나는 것이 아니며 또한 보는 순간에 듣는것이 일어나는 것은 아니다. 이러한 과정들은 순간적으로 일어난다.

그렇지만 방금 수련을 시작하고 깨어있음, 집중, 지혜를 충분히 발전시키지 못한 수행자는 이러한 일들이 일련의 과정으로 일어나는 것을 자세히 관찰할 수는 없다. 그러므로 초보자는 처음부터 많은 것들을 수련할 필요는 없다. 단계적으로 시작하면 된다. 보는것이나 듣는것은 오로지 적당한 주의가 주어졌을때만 일어난다. 만약에 수행자가 어떠한 광경이나 소리에 주의를 기울이지 않는다면 그는 그 순간을 대부분 그냥 지나칠 수 있다.

냄새를 맡는것은 거의 드물게 일어난다. 맛보는 경험은 오로지 먹을 때에만 일어난다. 보고, 듣고, 냄새맡고, 맛보는 경우에 수행자는 그것들 각각에 대한 반응이 일어날때 주의할 수 있다. 그러나 몸의 느낌은 항상 존재한다. 그리고 그 느낌들은 서로 다르다. 앉아있는 동안 뻣뻣한 몸의 느낌 또는 딱딱한 감각은 서로 구별된다. 그러므로 앉아있는 자세에 주의를 기울여 '앉음, 앉음' 이라고 주시해야 한다.

앉아있는 것은 일련의 육체적인 활동으로 구성된 것으로 몸을 세운자세인데, 이것은 일련의 정신적 활동으로 구성된 의식에 의해서 일어난 것이다. 이것은 팽창된 고무풍선이 그안에 있는 공기들의 활동에 의해서 그 모양을 유지하고 있는 경우와 꼭 같다. 마찬가지로 몸은 육체적 활동의 끊임없는 과정을 통해서 똑바로 앉은 자세를 유지하고 있다.

많은 양의 에너지가 이 몸과 같이 무거운 짐을 유지하기 위하여 요구될 것이다. 사람들은 일반적으로 이몸은 근육에 의해서 형성되고 그 자세를 유지하는 것처럼 알고 있다. 이러한 생각은 어떤 의미에서는 옳다. 왜냐하면 근육, 피, 살덩이, 뼈들이 단지 물질적인 요소이기 때문이다.

세운 자세로 몸을 탄력있게 유지하는 요소는 물질적인 모임에 속하며 고무 풍선속의 공기처럼 근육, 살덩이, 피 등이 온몸에 걸쳐서 일어난다. 탄력있게 유지하는 것은 공기의 요소이다. 이 몸은 탄력적인 형태에서 끊임없이 존재를 만들어가는 공기요소에 의해서 똑바른 자세로 유지되고 있다.

꾸벅꾸벅 졸리는 순간에 몸이 수그러지는데 이것은 탄력적인 형태에 새로운 물질의 공급이 중단되기 때문이다. 졸음 또는 잠 잘때 마음의 상태는 무의식적이다. 무의식의 과정 동안 정신적 활동은 사라진다. 그래서 몸은 잠자거나 졸음에 빠졌을때 서있으려는 중심을 잃고 수그러지게 된다. 깨어있는 시간 동안에는 강하고 활기있는 정신적 활동이 끊임없이 일어나며, 이때문에 탄력적인 형태를 유지하려는 일련의 공기의 요소들이 생겨난다.

이 사실을 알기 위하여 주의깊게 '앉음, 앉음, 앉음'이라고 주시하는 것이 중요하다. 하지만 이것은 탄력적인 느낌을 주시하라는 의미는 아니며 단지 앉아있는 자세 즉, 아래의 구부린 모습과 위부분의 세운 자세를 주시하기만 하면 된다.

그러므로 단순히 앉는 자세를 관찰하는 훈련은 매우 쉽고 많은 노력을 요구하지 않는다. '앉음, 앉음, 앉음'이라고 오랫동안 계속 주시하면서 반복하면 곧 따분함을 느끼게 될것이다. 따분함은 대개가 마음이 활력이 줄어들고 집중이 줄어들때 일어난다. 하지만 이것은 단지 감각이 둔화된 상태일 뿐이다. 활력을 증진시키기 위하여 '주시'하려는 대상의 숫자를 늘려야 한다. 그러므로 앉은 자세를 주시한 다음에 접촉의 감각이 느껴지는 신체의 부위로 주의를 기울여서 '접촉'을 주시하여야 한다. 다리나 발 또는 엉덩이 어느 부위라도 촉감이 뚜렷하게 느껴지는 곳은 이 목적에 도움이 될 것이다. 예를들면, 몸의 앉은 자세로 '앉음'이라고 생각한 다음에 접촉의 감각이 느껴지는 부위는 '접촉'이라고 의식하는 것이다.

이와같이 해서 앉은 자세 다음에 접촉의 부위에 '앉음, 접촉, 앉음, 접촉, 앉음, 접촉'이라고 반복적으로 의식해야 한다.

주의, 관찰, 명상이라는 용어는 여기서 하나의 대상에 의식을 고정시키는 것을 가리키는데 사용되고 있다. '앉음, 접촉'이라고 주의 또는 관찰, 명상하는 훈련은 단순하다.

이미 명상 수련을 경험한 자들은 이 수련을 시작하기가 쉽다는 것을 알겠지만 이전에 어떤 경험도 없는 사람은 처음 시작할 때 매우 어렵다고 생각이 들 것이다. 초보자에게 알맞은 명상훈련은 먼저 숨을 들이쉬고 내쉴 때마다 배(복부)가 나오고 들어가는 것을 유심히 관찰하는 것이다. 그래서 초보자는 이러한 배의 움직임을 주의하거나 관찰하는 훈련을 시작해야 한다. 이것은 단순하고 뚜렷이 구별되기 때문에 초보자에게는 더 없이 좋은 수련방법이다. 마치 학교에서 단순한 과목이 배우기 쉬운 것과 마찬가지로 비파사나 명상 수련의 경우도 배가 나오고 들어가는 것을 관찰하는 수식관이 훨씬 쉽다. 그러면 초보자는 단순하고 쉬운 훈련으로 집중과 지혜를 발전시키는 것이 더 쉽다는 것을 알게 될 것이다.

다시말하면 비파사나 명상의 목적은 신체의 두드러진 요소들을 관조하면서 수련을 시작하는 것이다. 정신과 물질의 두요소 중에서 정신적 요소는 미묘하고 덜 두드러진 반면에 물질적인 요소는 뚜렷하게 구별된다.

그래서 비파사나 명상을 수행하는 사람은 대개가 처음에 물질적인 요소를 주시하는 것부터 훈련을 시작한다. 물질적인 요소에 관해서 여기서 언급되어야 할 것은 에테르체[7]는 미묘하고 또 덜 두드러진 반면에 지, 수, 화, 풍의 4개 요소는 조악(粗惡)하고 더 두드러지기 때문에 우선적으로 관찰의 대상에 놓아야 한다. 일어나고 사라지는 과정이 현저하게 나타나는 요소는 공기의 요소이다. 명상하는 동안에 배의 움직임은 바로 공기의 기능이다. 염처경은 부처님께서 가르치신 '깨어있음의 다양한 방법'에 대해 자세히 다루고 있는데 명상자는 걷고있는 동안에는 걷고있는 상태를, 서고, 앉고 누워있을 때는 그 각각에 대해서 주의깊게 깨어있어야 한다.

또한 다른 육체적 활동이 일어나는 것에 대해서도 주의깊게 깨어있어야 한다. 이와 관련하여 주석서에는 명상자는 다른 세

---

[7] 단순한 최소적 형태로서의 육체에 생명을 부여하는 생명체

가지 요소에 앞서서 우선 공기의 요소를 주의깊게 관찰하여야 한다고 설명하고 있다. 지, 수, 화, 풍, 사대의 모든 요소가 몸의 모든 행위에 연관되어 있으므로 이들중의 어느 하나라도 인식하는 것이 필요하다.

숨쉬는 매순간마다 배의 나오고 들어가는 움직임이 현저하게 인식되기 때문에 명상을 시작하는 자는 이 움직임에 주의를 기울여야 한다. 그러면 비파사나 명상은 어떻게 수련할 것인가? 일어나고 사라지는 것을 주의하려면 수련자는 그의 마음을 복부에 집중해야 한다. 그러면 그는 숨을 들이 마셨을때 배가 나오고 숨을 내쉴때 배가 줄어드는 것을 알게 될 것이다.

그렇게해서 배가 앞으로 나올때 '나옴' 그리고 들어갔을때 '들어감'하고 의식한다. 만약 이러한 움직임을 계속 주시할 수 없으면 한손 또는 양손을 배위에 올려 놓아야 한다. 수련자는 자연스러운 숨쉬기를 바꿀려고 시도해서는 안된다. 숨을 억제해서 느리게 하거나 빠르게 하거나 또는 깊게 해서도 안된다. 만약 숨의 자연적인 호흡을 바꾼다면 곧 피곤하게 된다. 그러므로 자연적인 숨을 유지해야 하며 배가 나오고 들어감을 단지 바라보기만 하면 된다. 배가 나왔을때 '나옴'으로 배가 들어갔을때 '들어감'으로 의식하고 주시하면 된다. 이러한 상태들은 단지 의식할 뿐이고 입으로 반복해서 부르는 것은 아니다. 그래서 비파사나 명상에서는 대상을 용어나 명칭으로 아는 것보다 대상의 실제적인 상태를 아는 것이 더 중요하다. 따라서 수련자에게 필요한 것은 처음부터 끝까지 배가 나오는 움직임과 배가 들어가는 움직임을 마치 눈으로 실제로 보는 것처럼 주의깊게 관찰하여야 한다.
　배가 나오자 말자 마음이 그곳에 가 있어야 한다. 마치 돌이 벽에 부딪칠때처럼 그 움직임이 일어남과 그것을 아는 마음이 함께 이루어져야 한다. 마찬가지로 그것이 사라질때와 그것을 아는 마음이 모든 경우에 함께 이루어져야 한다. 특별히 주시해야 할 대상이 없을때 수련자는 이 두개의 움직임을 '나옴, 들어감', '나옴, 들어감', '나옴, 들어감'으로 주의하는 훈련을 해야한다. 반면에 이와같이 수련을 하는 동안에, 가끔씩 마음이 산란해지는 경우가 있을 수 있다. 집중이 약해졌을때 마음을 통제하는 것은 매우 어렵다. 비록 나오고 들어가는 것에 마음을 두지만 마음은 그것들에 머물지 않고 끊임없이 다른 대상을 찾아다닌다. 주시할때 이 산란해진 마음도 예외가 되서는 안된다. 마음이 산란해 지자마자 '산란함, 산란함'으로 주시해야 한다. 한번이나 두번 주의하면 산란해진 마음이 멈추며 그때 '나옴, 들어감'으로 주시하는 훈련은 계속되어야 한다. 다시 마음이 어떤 곳에 닿으면 그 순간 바로 '닿음, 닿음'으로 주시해야 한다. 그렇게해서 산란해진 마음이 가라앉으면 다시 본래의 상태로 되돌아가서 '나옴, 들어감'을 주시해야 한다.
　상상속에서 어떤 사람을 만났을때는 '만남, 만남'하면서 주시하고 그 대상이 사라지면 다시 '나옴, 들어감'의 본래의 수련을 한다. 만약 상상속에서 어떤 사람과 말을 하게 되면 '말함, 말함'이라고 주시해야 한다.
　이상 설명한 것에서 보듯이 비파사나 명상의 근본 목적은 모든 정신적 활동이 일어날때 그것을 주시하는데 있다. 예를들면 생각하는 순간에 '생각함, 생각함'이라고 주시하고 반성함, 계획함, 알고있음, 주의함, 즐거움, 게으른 느낌, 행복한 느낌, 불쾌함 등등의 느낌이 일어났을때 각각의 느낌에 대해서 주시하는 것이다.

정신적 활동과 그것들이 일어났을때 명상하는 것을 비파사나(洞察)라고 부른다. 대부분의 사람들이 비파사나 명상에 대해서 올바른 지식이 없기 때문에 마음의 실제적인 상태를 모르고 있다. 이때문에 사람들은 마음을(개별적인) 인간, 자아 또는 살아있는 존재로 잘못된 견해를 갖는 경향이 있다. 그들은 대개가 '상상하는 것은 나다, 나는 상상하고 있다, 나는 생각하고 있다, 나는 계획하고 있다, 나는 알고 있다' 등으로 잘못 인식하고 있다.

사람들은 어린시절부터 자라서 성인이 될때까지 살아있는 존재 또는 자아가 존재한다고 생각한다. 사실 살아있는 존재는 없다. 단지 순간적으로 일어나는 마음의 요소의 끊임없는 과정만이 존재할 뿐이다.

비파사나 명상수련은 실질적인 존재를 이해하려는 목적을 갖고 수련한다. 부처님을 법구경에서 마음과 그것이 일어나는 상태에 대해서 다음과 같이 말했다.

Duran - gamam Eka - caram, A - Sarriam
Guha-Sayam, Ye cittam Samyamessanti

Mokkhanti Mara bandhan.
'순간에 일어나 대상들을 쫓아다니는 마음은
실재가 없이 어두운 방(육체)에 머무네.
만약 수행자가 이 마음을 제어한다면
죽음의 속박에서 벗어나리니.'

멀리 떨어진 대상들을 쫓아 다닌다 · Duran - gaman

마음은 흔히 여기저기로 방랑한다. 수행자가 명상 수련을 하는 동안에 그는 마음이 한시도 멈추지 않고 외부의 대상을 향해서 쫓아다니는 것을 발견하게 될 것이다.

그는 또한 생각하거나 상상하는 순간에 이전에 알고 있었던 어느 대상에라도 갈 수 있음을 알게 될 것이다.

순간적으로 일어남 · Eka - caram

마음은 보통 개별적으로 일어나며, 개별적인 과정이 계속 이어진다. 이러한 사실을 이해하지 못하는 사람은 어떤 고정된 하나의 마음이 일생동안 계속 존재한다고 믿는다. 그들은 새로운 마음이 매순간마다 끊임없이 일어나는 것을 모른다. 그들은 과거와 현재의 보고, 듣고, 느끼는 것들이 하나의 마음에 속하고 보고, 듣고, 만지고, 아는 세개 또는 네개의 행위가 동시에 일어난다고 생각한다. 하지만 이것은 잘못된 견해들이다.

마음은 고정되어 있지 않고 대상에 따라 변하며 항상 새롭게 일어난다. 이것은 상당한 정도의 수행을 한 다음에야 이해할 수 있다. 상상하고 계획하는 경우는 명확히 이해할 수 있다. 상상은

'상상함, 상상함'이라고 주시하는 순간 사라지며, 계획 또한 '계획함, 계획함'이라고 주시하는 순간 사라진다. 일어나고, 주시하고, 사라지는 모습들은 마치 구슬을 꿰맨 실과 같다. 앞에 있는 마음은 뒤에 오는 마음이 아니며, 각각이 분리되어 있다. 이러한 사실은 자신의 경험에 의해서 인식할 수 있으며 이러한 목적을 위해서 우리는 명상수련을 부지런히 해야한다.

실체가 없음 · A-sariram

마음은 실체가 없으며 또한 형태도 없다. 마음을 물질과 구분하는 것은 쉽지가 않다. 물질의 경우 몸, 머리, 손, 발 등의 구조는 분명하고 쉽게 구별할 수 있다.

만약에 물질이 무엇인가에 대해 질문한다면, 이것은 손으로 만질 수 있고 보여줄 수도 있다. 하지만 마음에 대해서 설명하는 것은 쉬운 일이 아니다. 왜냐하면 이것은 비실체적이며 형태가 없기 때문이다.

그래서 분석적인 실험을 통하여 마음을 아는것은 불가능하다. 그렇지만 만약 대상을 아는 것이 바로 마음이라고 설명할 수 있다면 우리는 마음을 완전히 이해할 수 있다. 그러므로 마음을 자세하게 이해하기 위하여 마음이 일어나는 모든 순간에 주시하는 것이 필요하다. 명상이 잘 될때 마음이 그 대상에 접근하는 것이 분명히 이해된다.

어두운 방(육체)에 머물다 · Guha-sayam

마음은 의근(意根)과 몸에 있는 다른 감각 기관에 의존해서 존재하기 때문에 이것을 어두운 방(육체)에 머문다고 말한다.

만약에 수행자가 이 마음을 제어한다면
그는 죽음의 속박에서 벗어나리니
Ye - Cittam Samyamessanti, Mokkhanti Marabandhana

마음은 일어나는 매 순간마다 주시되어야 한다. 이렇게 주시 될때 마음은 자연히 다스려지게 된다. 마음을 성공적으로 제어한 수행자는 속박에서 자유로움을 얻을 것이다. 그러므로 마음이 일어나는 매 순간마다 주시하는 것이 얼마나 중요한지 이제 조금은 이해가 갈 것이다.

마음은 주시하는 그 순간에 대개가 사라진다. 예를들면 어떤 것을 하고 싶은 생각이들때 '하고 싶음, 하고 싶음'이라고 한두번 주시하면, 그 즉시에 하고 싶은 것이 사라지는 것을 알게 될 것이다.

그러면 다시 배가 '나옴, 들어감' '나옴, 들어감'을 주시하는 평상시의 수련으로 되돌아온다.

평상시에 수련을 하는 동안 수련자는 침을 삼키고 싶은 것을 느낄것이다. 그러면 '삼키고 싶음'을 침을 모으면서 '모음'을 그리고 삼키면서 '삼키고 있음'을 의식하면서 일어나는 일련의 과정을 주시해야 한다.

이러한 과정을 명상하는 이유는 '삼키는 것을 원하는 것은 나이다, 삼키는 것도 나이다'하면서 마치 나가 하는 것처럼 잘못 생각할 수 있기 때문에 이것을 벗어나는데 있다.

사실 '삼키기를 원하는것'은 마음이고 나가 아니며, '삼킴' 또한 물질이고 나가 아니다. 그 순간에는 오로지 마음과 물질이 존재할 뿐이다. 이러한 방법으로 명상을 하면서 수련자는 실제적인 과정을 분명히 이해할 수 있다. 마찬가지로 침을 뱉고 싶을때 '뱉고 싶음' 목을 구부릴때 '구부림' 바라볼때 '바라봄' 그리고 침을 뱉을때 '뱉음'을 주시하여야 한다.

이런 과정이 끝나면 다시 배가 '나옴, 들어감'을 주시하는 평상시의 수련으로 되돌아간다. 오랫동안 앉아있기 때문에 몸이 뻣뻣하거나 답답하거나 따분한 느낌이 일어날 것이다. 이러한 느낌 또한 그것들이 일어나는 그 순간에 주시하여야 한다. 다시말하면 마음을 각각의 느낌에 집중하여 뻐근한 느낌이 들때는 '뻐근함, 뻐근함'을 답답한 느낌이 들때 '답답함, 답답함'을 고통스러운 느낌이 들때 '고통스러움, 고통스러움'을 욱신 욱신 쑤시는 느낌이 들때 '쑤심, 쑤심'을 그리고 피곤한 느낌이 들때 '피곤함, 피곤함'을 주시하여야 한다.

이러한 불유쾌한 느낌은 곧 고통의 느낌이며, 이러한 느낌들을 명상하는 것이 바로 느낌에 대한 통찰이다. 느낌에 대한 통찰의 지혜가 부족하기 때문에 그것을 자신의 인격 또는 자아, 즉 '나는 뻐근함을 느끼고 있다, 나는 답답함을 느끼고 있다, 나는 고통을 느끼고 있다, 나는 전에는 기분이 좋았었는데 지금은 불편하다' 등등의 잘못된 견해를 갖는 경우가 많다.

사실 즐겁지 않은 느낌은 몸의 불만족스러운 상태 때문에 일어난다. 마치 끊임없이 에너지를 공급해서 계속 불을 밝히는 전구의 빛처럼, 느낌의 경우도 불만족스러운 상태와 접촉하면서 일련의 새로운 것들이 끊임없이 일어남과 같다.

 이러한 느낌을 분명히 이해하는 것이 필요하다. 수련자가 '뻣뻣함, 뻣뻣함' '답답함, 답답함' '고통스러움, 고통스러움'을 주시하기 시작하면 이러한 불만족스러운 느낌이 더 강해지는 것을 알 수 있다. 그리고 그는 마음이 자세를 바꾸어서 일어나고 싶어하는 것을 발견하게 된다. 수련자는 '바꾸고 싶음, 바꾸고 싶음'을 가만히 주시한다. 그리고 나서 다시 '뻣뻣함, 뻣뻣함' '답답함, 답답함'등으로 되돌아가서 느낌을 주시해야 한다. 하지만 만약 앉은 자세로 계속 참으면서 명상하면 이러한 불만족스러운 느낌은 잠시후에 사라질 것이다.

 '참는것은 니르바나로 이끈다'는 말이 있다. 분명히 이 말은 다른 어느 경우 보다도 이러한 명상수련에 절실히 요구되는 말이다. 따라서 명상 수련에는 어느것 보다도 많은 노력을 기울여야 한다.

 만약에 수련자가 불만족스러운 느낌이 어느 정도는 참을 수 있는데도 불구하고 참는것을 쉽게 포기하고 명상하는 동안에 자세를 자주 바꾼다면 그에게 더이상 집중을 얻기를 기대하는 것은 불가능하다.

 집중이 없이 통찰의 지혜를 얻을 수 있는 기회는 없다. 또한 이것이 없이는 마가팔라(magga - phala ; 道 一 果)-니르바나를 얻을 수 없다. 그래서 인내는 명상수련에 있어서 매우 중요한 것이며, 불만족스러운 느낌을 극복하는데 가장 필요한 것이다. 따라서 그는 불만족스러운 감정을 느꼈을 때, 그 즉시 자세를 바꾸어서는 안되며, 그것들을 '뻣뻣함, 뻣뻣함' '답답함, 답답함'등으로 주시하면서 계속 나가야 한다.

이정도 수준의 고통스러운 감각은 대개가 사라진다. 집중이 강한 상태에서는 심지어 큰 고통도 참으면서 주시할때 사라지는 것을 알 수 있다.

괴로움이나 불만족스러운 느낌이 완화되면 다시 평상적인 수련으로 되돌아와서 '나옴, 들어감' '나옴, 들어감'을 계속 주시하여야 한다. 한편 고통이나 불만족스러운 느낌이 많은 인내력을 갖고 주시함에도 불구하고 사라지지 않을때가 있다. 이러한 경우에는 어쩔 수 없이 자세를 바꾸지 않으면 안된다.

집중이 강하지 않을때 고통은 쉽사리 사라지지 않는다. 이러한 경우에는 자세를 바꾸려는 마음이 일어난다. 그러면 수련자는 '바꾸고 싶음, 바꾸고 싶음'을 주시하고, 그 다음에 손을 들때 '손들음, 손들음'을 손을 앞으로 움직일때 '움직임, 움직임'을 계속 주시해야 한다.

이러한 몸 동작은 천천히 이루어져야 하며 그 과정에서 '들어 올림, 들어 올림' '움직임, 움직임' '만짐, 만짐'을 계속 주시해야 한다. 다시 몸을 흔들면서 '흔들림, 흔들림'을 발을 올리면서 '일어섬, 일어섬'을 움직이면서 '움직임, 움직임'을 앉으면서 '앉음, 앉음'을 주시한다.

그리고 나서 더이상 움직임이 없으면, 다시 평상시의 수련으로 되돌아와서 배의 '나옴, 들어감'을 계속 주시하여야 한다. 그

사이에 멈추거나 간격을 두어서는 안된다. 주시되는 이전의 행위와 그 다음의 행위는 동일한 연속성에 있어야 한다.

　마찬가지로 이전의 집중과 그 다음의 집중은 동일한 연속이어야 하며, 또한 이전의 앎과 그 다음의 앎도 연속이어야 한다.

　이러한 방법으로 깨어 있음, 집중, 지혜가 점진적으로 발전되며, 이것들이 완전히 발전되었을때 마가냐나(magga - nana ; 道智)의 마지막 단계, 니르바나를 얻을 수 있다.

　비파사나 명상을 수련하는 자들은 예전의 사람들이 불을 만들기 위해 애쓰던 예를 거울삼아야 할 것이다.

　사람들은 불을 붙이기 위해 두개의 다른 막대기를 문질러서 불이 생길때까지 멈추지 않았다. 막대기가 점점 뜨거워짐에 따라 더 많은 노력이 요구됐고 오로지 불이 생겼을때만이 자유롭게 쉴 수 있었다.

　마찬가지로 수련자는 열심히 노력해서 이전의 주시와 그 다음의 주시, 이전의 집중과 그 다음의 집중에 어떠한 간격도 없어야 한다. 고통스러운 감정을 주시하고 나면 다시 평상시의 수련으로 되돌아와서 배의 '나옴, 들어감'을 주시한다.

　이와같이 평상시 수련에 전념하고 있는 동안에 수련자는 다시 신체의 어디선가 가려운 기분을 느낄 것이다. 그러면 마음을 그곳에 고정시켜서 '가려움, 가려움'하면서 주시한다.

　가려움은 즐겁지 않은 감정이다. 그것이 느껴지는 순간에 마음에는 긁거나 문지르고 싶은 감정이 일어난다. 그러면 '원함, 원함'하면서 주시할뿐 절대 문질러서는 안되며 다시 가려운 생각이 들면 '가려움, 가려움'을 주시해야 한다.

　이러한 태도로 명상에 전념하는 동안에 대부분의 경우에 가려움은 사라진다. 그러면 다시 배의 '나옴, 들어감'을 주시하는 평상시의 수련으로 되돌아와야 한다. 만약 가려움이 사라지지 않고 긁거나 문지를 필요가 있다고 생각되면, '원함, 원함'을 주시하면서 다음에 진행되는 과정을 계속 주시해나가야 한다.

　그리고 나서 손을 올리면서 '올림, 올림'을 손을 움직이면서 '움직임, 움직임'을 손이 가려운 부분을 만졌을때 '만짐, 만짐'을 손이 긁거나 문지를때 '긁음, 긁음' 또는 '문지름, 문지름'을 손이 되돌아올때 '되돌아옴, 되돌아옴'을 손이 몸을 만질때 '만짐, 만짐'을 계속 주시하여야 하며, 다시 되돌아와서 배의 '나옴, 들어감'을 주시하는 평상시의 수련을 해야한다.

　변하는 모든 과정을 주의깊게 관찰을 하는 동안에 고통스러운 느낌이나 불유쾌한 감정이 스스로 몸에서 일어나는 것을 알 수 있다. 그런데 평범한 사람들은 이러한 과정에 주의를 기울이지 않고 불쾌하거나 피곤한 감정 또는 답답한 감정을 느끼자 마자 자세를 바꾼다. 변화가 아무런 주의없이 이루어지는 바로 그 순간에 고통의 씨앗은 자라기 시작한다. 사람들은 일반적으로 언제나 기분이 좋다고 생각한다. 그들은 고통스러운 느낌은 위험한 일이 생겼을때만 일어난다고 여긴다.

　그러나 사실은 사람들이 생각하는 것과 정반대이다. 누구라도 한번 앉아서 얼마나 오랫동안 움직이지 않고 버틸 수 있는지 알아보라. 그는 5분이나 10분후에 이것이 불편하다는 생각이 들며

15분이나 20분후에는 도저히 참을 수 없음을 알 것이다.

그러면 그는 머리를 들추거나, 수그리거나, 손이나 발을 움직이거나, 몸을 앞이나 뒤로 흔들면서 자세를 움직이거나, 바꾸지 않을 수 없다. 많은 움직임이 짧은 시간 안에 일어나며, 만약에 며칠을 계속하게 된다면 그 숫자는 매우 많을 것이다. 그렇지만 아무도 이런 움직임에 주의를 기울이지 않기 때문에 이러한 사실을 알아차리는 자는 없다.

항상 자신에게서 일어나는 모든 움직임을 주의깊게 관찰하는 수련자는 모든 움직임속에서 그 각각에 대한 특성을 정확하게 파악한다. 그리고 수련자는 각각의 성질이 완전히 드러날 때까지 계속 주시한다.

수련자는 비록 고통스러운 느낌이 일어나도 계속 주시한다.

고통의 정도가 심하지 않을때는 자세를 바꾸어서는 안된다. 그리고 바꿀려는 마음이 일어났을때 즉시 '원함, 원함'을 주시하고 고통스러운 느낌이 다시 일어나면 그것에 대한 주시를 계속한다.

수련자는 오로지 고통이 더 이상 참을 수 없음을 알았을때만 자세를 바꾸거나 움직인다. 이경우에도 물론 바꿀려는 마음을 주시하고, 움직이는 과정에서 일어나는 모든 행위를 주의깊게 관찰하면서 시작한다.

흔히 명상자는 개미가 여기저기로 기어다니는 가려운 감각 또는 답답한 감각, 고통스러운 감각을 느낄 수 있으며 또는 온몸이 고통스러운 감각의 덩어리임을 느낄 수 있다.

이것은 고통스러운 가마각이 어떻게 우리 몸을 지배하는가 하는 것을 발견하는 것인데, 만약에 수련자가 앉은 자세에서 일어나는 자세로 바꾸려고 의도하면 먼저 '의도함, 의도함'이라고 의도하는 마음을 주시하여야 하며, '일어남, 움직임' '펼침, 만짐, 누름'을 주시하면서 손과 발의 움직임을 순서적으로 지켜 보아야 한다.

몸이 앞으로 흔들리면 '흔들림, 흔들림'을 주시하여야 한다. 서 있거나 일어서는 과정에서 몸에 편안한 느낌이 들면 다시 여기에 대해서 주시한다. 그리고 일어나는 움직임에 대해서 '일어남, 일어남'을 주시하면서 천천히 일어난다.

수련자는 수련하는 과정에서 마치 허약한 사람이 행동하는 것처럼 모든 행위를 부드럽고 천천히 하는 것이 가장 바람직하다.

어쩌면 요통을 겪는 사람의 경우가 이러한 방법에 매우 적합할 것 같다. 환자는 고통을 피하기 위해 천천히 조심스럽게 움직여야 한다.

마찬가지 방법으로 수련자는 항상 모든 행동을 천천히 하도록 노력하고 유지해야 한다. 가장 느린 동작으로 움직이는 것이야말로 깨어있음, 집중 그리고 지혜를 얻는데 절대적으로 필요한 요인인 것이다. 자신에 대해서는 무관심하게 줄곧 살아오던 사람이 자신의 몸을 주의깊게 관찰하는 훈련을 진지하게 시작하고 있다.

육체적, 정신적 진행이 최고의 속도로 움직이는 동안에는 관찰과 지혜가 이 속도를 따를 수 없다. 따라서 관찰과 지혜가 제대로 이루어지기 위해서는 몸의 움직임을 가장 느린 속도로 유지해야 한다. 그러므로 처음에는 가능하면 몸의 움직임을 느리게 하는데 관심을 기울여야 한다. 그렇게하기 위해서는 수련자는 마치 자신이 눈먼자라고 여기면서 수련에 임하는 것이다.

자신의 마음을 제어하는 능력이 없는 사람은 위엄있게 보이지 않는다. 왜냐하면 그는 항상 사물과 사람들을 제멋대로 바라보기 때문에 안정되고 고요한 상태를 얻을 수 없다. 반면에 눈먼 사람은 침착한 태도로 조용하게 앉는다.

그는 사물이나 사람을 보기 위하여 어떠한 방향으로도 되돌아보지 않는다. 왜냐하면 그는 눈이 멀고 그들을 바라볼 수 없기 때문이다. 어떤 사람이 그에게 가까이 와서 말할때 조차도 결코 주위를 돌아보지 않는다. 이러한 침착한 태도는 모방할 가치가 있다.

수련자는 명상을 하는 과정에서 이와같은 태도로 행동해야 한다. 어디에도 쳐다봐서는 안되며 마음은 명상의 대상에 머물러 있어야 한다. 그리고 앉아있는 동안에는 오로지 배의 '나옴, 들어감'을 주시하는데 전념해야 한다. 만약 가까이서 어떤일이 일어난다면 '바라봄, 바라봄'하면서 주의깊게 그 상황을 바라보기만하고 여기에 대해 어떠한 생각도 일으키지 않는다. 그리고 다시 배의 '나옴, 들어감'을 주시하면서 원래의 수련으로 되돌아가야 한다.

수련자는 마치 눈먼자로 오해받을 정도로 이 수련을 주의깊게 이행하여야 한다. 이러한 면에서 어떤 여성 수련자들은 완벽한 자세를 유지하는 경우가 있다. 그들은 가르친것에 따라서 모든 주의를 기울여 수련을 이행한다. 그들의 자태는 매우 침착하다. 그리고 항상 명상의 대상에 집중하면서 결코 주위를 돌아보지 않는다.

그들이 걸어갈때는 항상 발걸음에 집중한다. 몸은 가볍고 부드러우며 느리다. 모든 수련자는 이러한 예를 뒤따라야 한다.

수행자는 또한 귀먹은 사람처럼 행동하는 것이 필요하다. 보통 사람들은 소리를 듣는 순간에 주위를 돌아서 소리가 들린 방향을 바라본다. 또는 그에게 말한 사람에게 되돌아 서서 대답을 한다. 그는 침착한 태도로 행동하지 않는다. 반면에 귀먹은 사람은 침착한 태도로 행동한다. 그는 어떠한 소리나 말에도 귀를 기울이지 않는다. 왜냐하면 그는 결코 그것들을 들을 수 없기 때문이다.

마찬가지로 수련자는 사소한 말에는 주의를 기울이지 않는 자세로 행동해야하며, 어떠한 말이나 대화에도 의도적으로 귀를 기울여서는 안된다. 만약 우연히 어떠한 소리나 말을 듣게되면 즉시 '들음, 들음'하면서 주시해야 하며 그리고 다시 원래의 상태로 돌아가 배의 '나옴, 들어감'을 주시하는 수련을 해야 한다.

이처럼 수련자는 귀머거리로 오해할 정도로 외부의 소리에 무관심하면서 명상 수련을 해야한다.

따라서 명상 수련자의 유일한 관심은 오로지 집중적으로 주시하는 것 밖에 없음을 기억해 두어야 한다. 보이거나 들리는 어떠한 것도 그의 관심사가 아니다. 비록 그것들이 이상하거나 호기

심어리게 나타나도 거기에 주의를 기울여서는 안된다.

어떠한 장면을 보았을때 마치 그것들을 보지 않은 것처럼 무시해야 한다. 마찬가지로 소리의 경우에도 그것을 듣지 않은 것처럼 무시해야 한다. 육체적인 행위의 경우에 마치 아파서 허약한 사람처럼 느리고 부드럽게 행동해야 한다.

따라서 강조할 것은 앉은 자세에서 서있는 자세로 바꾸는 동작은 천천히 이루어져야 한다는 것이다. 서있는 자세가 되면 '서있음, 서있음'이라고 주시해야 한다. 만약에 주위를 돌아보게 되면 '돌아봄, 돌아봄'이라고 주시를 해야하며, 발을 내딛일때마다 '오른발, 왼발' 또는 '걸어감, 걸어감'이라고 주시해야 한다.

발을 올리는 순간부터 내딛는 순간까지 모든 발걸음에 주의를 기울여야 한다. 다시말하면 빠른 걸음으로 걷거나 큰 걸음으로 걷는 동안에 각 걸음의 부분에 '오른발, 왼발' 또는 '걸음, 걸음'이라고 주시해야 한다. 천천히 걷는 경우에 모든 발걸음은 '들어올림, 앞으로 내밈, 아래로 내디딤'으로 각각 세개의 구분으로 나눌 수 있다.

이 수련을 시작하면서 처음부터 모든 발걸음의 두개의 부분에 주의를 하고 발을 들어 올릴때는 '들어 올림'으로, 내려가는 움직임을 '내디딤'으로 주시한다. 이와같이 해서 첫째 발걸음을 '들어올림, 내디딤'으로 주시하면서 시작한 수련은 끝난다. 여기서 조심해야 할 것은 첫째 발걸음에서 발을 내디디면서 '내디딤'으로 주시할때 다른 발은 대개가 들어올려서 다음 발걸음을 시작하려고 한다. 그러나 그렇게 해서는 안된다.

마치 앞의 발을 위해서 '들어 올림, 내디딤'으로 하고, 뒤의 발을 위해서 '들어 올림, 내디딤'으로 해야하는 것처럼 앞의 발의 동작이 완전히 끝난 다음에 뒤의 발을 움직여야 한다. 이삼일 후에 이 수련은 쉽게 되고 수련자는 모든 발걸음을 '들어 올림, 앞으로 내밂음, 내디딤'의 세개의 부분으로 주시하는 수련을 할 수가 있다.

당분간 수행자는 빨리 걷고 있는 동안에 '오른발, 왼발' 또는 '걷고 있음, 걷고 있음'을 주시하고, 천천히 걷는 동안에 '들어 올림, 내딛음'을 주시하면서 수련을 시작해야 한다.

걷고있는 동안에 앉고 싶은 마음을 느낄 것이다. 그러면 '앉고 싶음, 앉고 싶음'을 주시해야 한다. 만약 바라보는 일이 있으면 '바라봄, 바라봄'을, 앉는 장소로 갈때는 '일어남, 앉음'을 멈출때는 '멈춤, 멈춤'을, 돌아올때는 '돌아옴, 돌아옴'을, 앉고 싶을때는 '앉고 싶음, 앉고 싶음'을 주시해야 한다.

앉은 다음에 손과 다리를 제자리에 위치시키는 움직임이 있게 된다. 그것들은 '움직임, 구부림, 펼침' 등으로 주시해야 한다. 만약 더이상 필요한 동작이 없고 조용히 앉아 있게되면 다시 원상태로 되돌아와서 배의 '나옴, 들어감'의 수련을 해야 한다.

만약 명상하는 동안에 고통스럽거나, 피곤하거나, 답답한 것을 느끼면 즉시 그러한 느낌들을 주시하고 다시 원상태로 되돌아와서 배의 '나옴, 들어감'을 주시하는 평상시의 수련을 해야한다.

만약 졸음을 느끼면 '졸음, 졸음'을 주시하고, 들어눕기 위한 준비를 하면서 몸을 흔들면 '흔들림, 흔들림'을 다리를 펼때는 '다리를 폄, 다리를 폄'을 그리고 드러누울때는 '들어 누움, 들어 누움'으로 모든 행위를 주시하면서 진행한다. 들어눕는데 이러한 작은 동작들이 또한 중요하고 이들을 소홀히 해서는 안된다. 이러한 짧은 순간에 깨달음을 얻을 수 있는 모든 가능성이 있음을 알아야 한다.

구부리거나 펴는 순간에 집중과 지혜 그리고 완전한 깨달음을 얻을 수 있다. 이런 방법으로 아난존자(부처님의 조카이면서 시자)는 들어눕는 그 순간에 아라한을 얻었다.

부처님께서 열반에 드신후 4개월이 지나서 첫번째 결집이 개최되었다. 이 모임은 승려들이 모여서 부처님의 모든 가르침을 분류하고, 조사하고 확인하고, 암송하는 것이었다. 그때 오백명의 승려들이 그 일을 위해 선출되었다. 그들중 499명이 아라한(완전한 깨달음을 얻은자)인 반면에 아난존자만이 혼자 예류과(깨달음의 첫째단계)의 단계에 있었다. 다른 승려들과 동등한 아라한의 자격으로 모임에 들어가기 위하여 그는 모임의 개최되는 바로 전날까지 용맹정진으로 명상 수련을 하였다.

때는 8월의 그믐날이었다. 아난존자는 몸의 기능을 관찰하는 명상을 하면서 밤새도록 걷고 있었다. 아마도 그것은 '오른발, 왼발' 또는 '걷고 있음, 걷고 있음'을 주의하는 것과 같은 방법이었던것 같다. 이렇게해서 그는 다음날 새벽까지 모든 발걸음마다 정신과 물질적인 과정을 주시하는데 전념하고 있었지만 여전히 아라한을 얻지 못했다.

그때 아난존자는 이렇게 생각했다. '나는 최선을 다했다'. 부처님께서 말씀하시곤 했다. "아난아 너는 완벽함을 갖고 있다. 명상 수행을 계속 하여라. 언젠가 너는 반드시 아라한을 얻을 것이다."

나는 최선을 다해 명상한 사람중에 끼일 수 있을 정도로 모든 노력을 기울였다. 그런데 내가 실패할 이유가 어디 있는가? 그리고 생각했다. '아! 나는 밤새도록 오로지 걷는 수행을 유지하는데 치중하였다. 정진이 지나친 반면에 집중이 부족하였다. 이것이 바로 불안정한 상태의 원인이다. 지금부터는 걷는것을 멈추고 누운자세로 명상하면서 정진과 집중을 균형있게 해야겠다.'

아난존자는 곧 방으로 들어가서 침대에 앉아 누우려고 했다. 경전에는 아난존자가 이렇게 들어눕는 그순간 또는 '들어 누움, 들어 누움'이라고 주시하는 순간에 아라한을 얻었다고 전하고 있다.

주석서는 이러한 방법으로 아라한을 얻는것은 예외적인 것이라고 기록하고 있는데, 왜냐하면 이 방법은 걷고, 서고, 앉고, 눕는 네개의 자세와는 색다른 위치에 있었기 때문이다.

그 순간에 아난존자는 엄격하게 말해서 서있는 자세라고 말할 수도 없는데, 왜냐하면 그의 발이 마루에서 떨어져 있었고, 그의 몸이 베개에 가까이 기대있기 때문에 앉은것으로 볼수도 없고, 그의 머리가 아직 베개를 닿은것도 아니고, 그의 몸이 완전히 아직 들어 누운것도 아니기 때문에 들어누운 자세라고 말할수도 없었다.

아난존자는 아직 예류과에 있었기 때문에 세개의 더 높은 단계를 거쳐야만 했다.

즉, 두번째의 길 : 한번 되돌아 오는자

세번째의 길 : 다시 돌아오지 않는자

네번째, 마지막길 : 아라한

그런데 이것은 오로지 순간에 일어난다. 그러므로 이완 되거나 건너뜀이 없이 언제나 주의깊게 관찰하는 명상수련이 요구된다.

들어눕는 행위에 있어서 수련자는 하나에서 열까지 철저하게 모든 움직임을 주시해야 한다. 졸음을 느끼고, 눕고 싶을때 '졸림, 졸림' '눕고 싶음, 눕고 싶음'을 손을 올릴때 '올림, 올림'을 누를때 '누름, 누름'을 몸을 흔들고 들어 누울때는 '누움, 누움'하면서 주시한다.

눕는 행위 또한 매우 느리게 이루어져야 한다. 베개를 만질때는 '만짐, 만짐'하면서 주시하여야 한다. 온몸에는 많은 접촉 부분이 있다. 그러나 각 부분은 단지 한번만 주시하면 된다. 누워 있는 자세에도 다리와 손을 제자리에 갖다 놓는데 많은 움직임이 있다. 이러한 움직임 또한 '들어 올림, 폄, 구부림, 움직임' 등으로 주의깊게 관찰해야 한다.

몸을 돌리면서 '돌림, 돌림'을 주시해야 하며, 더이상 특별한 행위가 없을때는 배의 '나옴, 들어감'을 주시하는 평상시 수련으로 되돌아와야 한다. 옆으로 눕거나 등으로 누웠을때 대개는 특별히 주시할것이 없다. 그러나 때때로 들어 누워있는 동안에는 마음이 산란해질 때가 있다.

산란한 마음이 어떤곳을 향할때는 '향함, 향함'을 어떤곳에 도착했을 때는 '도착함, 도착함'을 주시하면서 앉은자세에서 명상하는 것과 같은 방법으로 각각의 상태를 주시하여야 한다.

산란한 마음은 일반적으로 한두번 주시하면 사라진다. 그러면 다시 배의 '나옴, 들어감'을 주시하는 평상시의 수련으로 되돌아 온다. 여기에는 또한 침을 삼키거나 내뱉거나, 고통스러운 감각, 답답한 감각, 가려운 감각 등의 느낌, 또는 자세를 바꾸고 다리를 움직이는 신체적인 행위들이 있을 수 있다. 그것들 또한 각각의 일어나는 경우에 주시해야 한다.(집중이 깊게 이루어졌을때, 눈꺼풀이 깜빡이는 모든 행위에 대한 응시조차도 가능해진다.)

그 다음에 다른 행위가 더이상 없을때, 다시 평상시의 수련으로 되돌아와야 한다.

밤이 깊고 잠잘 시간이 되었을때 명상을 포기하고 잠자는 것은 바람직하지 않다. 누구든지 명상에 깊은 관심을 가진자는 잠자지 않고 많은 밤을 지새는 어려움을 이겨낼 수 있는 마음의 준비가 되어 있어야 한다.

수행자는 고행하면서 뼈에 가죽만 남고, 살과 피가 시들어 말라 비틀어지더라도 얻어야 할 것을 얻지 못하는 한 그의 정진을 포기하지 않고 계속 인내하면서 노력한다. 이러한 수행은 확고한 분발심이 있어야 뒤따른다. 만약에 잠을 물리치려는 강하고 충분한 집중이 있으면 깨어있는 것이 가능하지만 반대로 잠이 지배하면 그는 잠에 빠지고 말것이다.

　수련자는 졸음을 느낄때는 '졸림, 졸림'하고 눈꺼풀이 내리누르면 '내리 누름, 내리 누름'하며 눈이 멍하면 '멍함, 멍함'을 주시해야 한다. 이와같은 방법으로 주시한 다음에 수련자는 졸음을 떨칠수 있으며, 다시 새로운 느낌이 생긴다. 그러면 다시 이러한 느낌을 '신선한 느낌, 신선한 느낌'하면서 주시해야 하며, 그 다음에는 배의 '나옴, 들어감'을 주시하는 평상시의 수련으로 되돌아와야 한다.

　그렇지만 그의 결심에도 불구하고 매우 졸리면 깨어있는 상태를 유지할 수가 없다. 게다가 누워있는 자세에서 잠에 빠지기는 훨씬 쉽다. 그러므로 초보자는 가능하면 서거나 걷는 자세를 유지하도록 해야한다. 밤이 깊어지면서 눕게되는데 누워있으면서도 배의 '나옴, 들어감'의 주시를 계속해야만 한다. 이 자세로는 잠에 빠질 가능성이 많다. 잠자는 동안에 주시를 계속하는 것은 불가능하다.

　수련자가 휴식을 취하는 데는 간격을 두어야 한다. 한시간의 수면은 수련자에게 한시간의 휴식을 줄것이며, 만약 둘, 셋, 네시간 동안 잠을 계속자면 오랜시간 동안 휴식을 얻을 것이다. 그러나 수련자가 네시간 이상 자는 것은 바람직하지 않은데, 왜냐하면 이것은 일상적인 수면보다 많은 양이기 때문이다. 잠에서 일어나면서 수행자는 깨어나는 순간부터 응시를 시작하여야 한다. 마가팔라(magga-phala ; 道一果)를 얻기 위하여 열렬한 구도정신으로 정진하는 수행자는 습관적으로 깨어나는 그 순간에 주시하는데 완전히 전념한다.

만약 깨어나는 순간을 포착하는데 실패했을때는 곧 바로 배의 '나옴, 들어감'을 주시하는 평상시의 수련으로 시작해야 한다.

만약 어떤 사실을 반성(反省)하는 것이 먼저 떠오르면 즉시, 그는 '반성함, 반성함'에 주의를 기울이면서 주시를 시작해야 하며 ,그리고 나서 원상태로 되돌아와서 배의 '나옴, 들어감'을 평상시대로 주시해야 한다.

또한 소리가 들리는 것이 먼저 의식이되면 '들림, 들림'을 주시하면서 명상을 시작해야 하며 그리고 다시 원상태로 돌아와 평상시 수련을 해야한다.

또는 일어나자마자 이쪽이나 저쪽으로 몸을 돌리거나 손과발 그리고 기타 등등의 신체적 움직임들이 있을 것이다. 그러면 이러한 행위들을 차례대로 주시하여야 한다.

또는 만약 마음이 여러가지 신체적 행위를 하려고하는 것을 알아차리면 먼저 마음을 주시하면서 명상을 시작해야 한다. 또는 만약 고통스러운 감정을 먼저 알아차린다면 고통스러운 감각을 주시하면서 명상을 시작해야 하며, 그리고 나서 신체적 행위를 진행해나가야 한다. 만약 움직이지 않고 조용히 멈추어 있으면 다시 배의 '나옴, 들어감'을 주시하는 평상시의 수련에 집중해야 한다.

만약 일어나고자 의도하면 '의도함, 의도함'을 주시해야 하며 그리고 나서 다리와 손을 제자리로 갖다 놓는 연속적인 모든 행위를 주시하면서 명상을 해야한다.

몸을 들어올리면서 '들어 올림, 들어 올림'을 주시하고 몸을 세워서 앉은 자세가 될때는 '앉음, 앉음'을 주시하며, 그리고 다리나 손을 제자리로 갖다 놓는 행위가 있으면 이러한 행위들 또한 주시하여야 한다. 다른 특별한 것이 없을때는 다시 배의 '나옴, 들어감'을 주시하는 평상시의 수련으로 되돌아가야 한다.

지금까지 네가지 자세와 한 자세에서 다른 자세로 바뀌는 것과 관련하여 주시하는 것을 설명하였다. 이것은 명상수련을 하는데 필요한 기초적인 것을 간략히 설명한 것이다.

처음 명상수련을 시작하면서, 모든 대상에 주의를 기울이는 것은 불가능하다. 많은 것들이 생략될 수 밖에 없다. 그러나 충분한 집중을 얻게 되면 이미 설명한것 뿐만 아니라 더 많은 것들에 대하여 주시하는 것이 쉬워진다.

깨어있음과 집중의 점진적인 발전에 따라 지혜의 속도가 빨라지면 더 많은 것들이 이해될 수 있다. 그러므로 이러한 높은 단계를 얻기 위해서 노력하는것이 필요하다. 명상은 또한 아침에 세수하거나 목욕을 할때도 이루어져야 한다. 이 경우에 행동을 빨리 하는 것이 필요하기 때문에 명상은 가능한 이러한 상황에 맞게 이루어져야 한다.

컵을 갖기위해 손을 뻗으면서 '뻗음, 뻗음'을, 컵을 쥐면서 '쥠'을, 컵을 물에 담그면서 '담금'을, 컵을 몸에 가져오면서 '가져옴'을, 물을 솟으면서 '솟음'을, 추위를 느끼면 '추움'을, 몸을 문지르면서 '문지름'하며 그 각각의 상태에 대해서 주시한다.

옷을 바꾸거나 입을때, 침대 또는 침대 시트를 정돈할때, 문을 열때 그리고 여러가지 많은 행위들이 있다. 이러한 행위들을 가능한한 상세하게 순서대로 관찰하여야 한다.

식사[8]를 할때 수련자는 식탁을 바라보면서 '바라봄, 바라봄'을 주시하기 시작하면서

 손을 접시로 뻗칠때는 '뻗침, 뻗침'을
 손을 음식에 갖다 대면 '만짐, 뜨거움, 뜨거움'을
 음식을 모을때는 '모음, 모음'을
 음식을 손으로 집을때는 '움켜쥠, 움켜쥠'을
 손으로 떠서 가져올때는 '가져옴, 가져옴'을
 목을 구부릴때는 '구부림, 구부림'을
 음식을 입에 넣을때는 '넣음, 넣음'을
 손을 제자리에 놓을때는 '제자리로 놓음, 제자리에 놓음'을
 손으로 접시를 만질때는 '만짐, 만짐'을
 고개를 똑바로 쳐들었을때는 '바로 세움, 바로 세움'을
 음식을 집을때는 '집음, 집음'을
 음식을 씹을때는 '씹음, 씹음'을
 음식을 씹을때 음식맛을 알면 '앎, 앎'을
 음식이 맛있으면 '맛있음, 맛있음'을
 그것이 즐거우면 '즐거움, 즐거움'을
 그것을 삼킬때는 '삼킴, 삼킴'을 관찰한다.

이것이 식사가 끝날때까지 음식을 먹을때 한입마다 주시하는

---

[8] 여기에서 설명하는 식사과정은 우리와는 달리 수저나 젓가락 대신 손으로 집어먹는 장면을 연상하면 이해 하기가 쉽다.

과정을 설명한 것이다. 이경우에 또한 수련을 저음 시작하는 자는 모든 동작들을 따르는 것이 어렵고 많은 것이 생략될 것이다. 그렇지만 여기서 멈추어서는 안되며 가능한한 있는데까지 노력하면서 따라가야 한다.

이 수련의 점진적인 발전에 따라서 여기서 언급된것 보다 더 많은 것들을 관찰하는 것이 쉬워진다.

이제 신체적인 명상 수련을 위한 강의는 거의 다하였다. 상세하면서도 약간은 길게 설명하였기 때문에 강의한 내용 모두를 기억하는 것은 쉽지가 않을 것이다.

기억을 도와주기 위해서 중요한 내용들을 다시 요약해서 설명해 주려고 한다. 걷고 있는 동안에 수련자는 걸음의 동작에 마음을 집중시켜야 한다. 활기차게 걷는 동안에 모든 발걸음은 각각 '오른발, 왼발'로 주시하여야 한다.

천천히 걷고있는 동안에 모든 걸음은 '들어올림, 내디딤'의 두 개의 부분으로 관찰되어야 한다. 그리고 앉아있는 자세를 하고 있는 동안에는 배의 '나옴, 들어감' '나옴, 들어감'을 주시하면서 진행되어야 한다. 만약 배의 '나옴, 들어감'을 주시하는 동안에 마음이 산란해진 것이 발견되면 산란해진 마음을 억지로 끊을 필요는 없으며 단지 그 산란한 마음을 바라보기만 하면 된다.

상상할때는 '상상함, 상상함'을 생각할때는 '생각함, 생각함'을 마음이 멀리 갈때는 '멀리감, 멀리감'을 마음이 어떤 장소에 도착하면 '도착함, 도착함'을 중시하며 이외에도 모든 일어나는 경우에 대해서 주시를 해야한다. 그리고 다시 배의 '나옴, 들어감'을 관찰하는 평상시의 수련으로 되돌아와야 한다. 손이나 발 다른 신체부위에 피곤한 느낌이 들거나 또는 답답하거나 따분하거나 고통스럽거나 가려운 느낌이 생길때는 즉시 그러한 느낌들을 뒤따라가서 '피곤함, 답답함, 따분함, 고통스러움, 가려움' 등으로 각각의 느낌을 주시하여야 한다. 그리고 나서 배의 '나옴, 들어감'을 관찰하는 평상시의 수련으로 되돌아 와야 한다.

손이나 다리를 구부리거나 펼때 또는 고개나 팔다리를 움직이거나 또는 몸을 앞뒤로 흔들리는 행위가 있을때는 즉시 마음이 뒤따라가서 그러한 느낌들이 일어나는 순서에 따라서 관찰해야 한다.

만약 명상수련이 잘 진행되어 나간다면 명상하는 대상의 숫자는 수련하는 과정에서 점차 증가할 것이다. 처음에는 많은것을 생략하게 될 것이다. 왜냐하면 마음은 한곳에 머물기 보다는 외부의 대상을 향해 줄곧 끊임없이 돌아다니기 때문이다. 그렇지만 수련자는 이것에 대해서 실망할 필요는 없다. 이러한 어려움은 대개가 수련을 시작할때 만나게 되는 것이다. 조금 지나면 마음은 더 이상 제멋대로 굴지 않게 되는데 이것은 마음이 움직이는 순간마다 발견되기 때문이다.

그렇게 되면 마음은 주시하는 대상에 오랫동안 머물게 된다. 따라서 대상에 마음을 주시하는 것이 이루어짐에 따라 점차 대상과 마음은 일치가 된다. 대상에 마음을 주시하는 것이 깊어짐에 따라 이 두개는 하나가 된다. 여기에는 항상 대상과 주시하는 모든 대상을 아는 마음이 있다.

물질적인 대상과 대상을 아는 마음의 두개의 요소는 한쌍으로 생겨나며 이 두개를 제외해서는 인격이나 자아라는 형태의 또 다른 것은 존재하지 않는다. 이러한 사실은 때가 되면 스스로 이해될 것이다.

물질과 정신이 두개의 분리된 것이라는 사실은 배의 '나옴, 들어감'의 움직임을 관찰을 하는 과정에서 분명하게 이해될 것이다.

물질과 정신의 두개의 요소는 한쌍으로 연결되어 있고, 두요소의 일어남은 동시에 이루어진다. 즉 물질적 과정이 일어나는 것은 그것을 아는 마음과 동시에 이루어지며, 물질적 과정이 사라지는 것은 그것을 아는 마음과 동시에 이루어지며, 들어 올림, 놓음 등등의 각각의 과정은 그 과정을 아는 각각의 마음과 동시에 이루어진다.

물질과 정신이 분리해서 일어나는 것에 관하여 아는 것을 통찰지(洞察智)라고 부른다.

모든 움직임을 주시하는 것은 통찰지의 과정에서 예비적인 단계에 속한다. 따라서 이러한 예비적인 단계를 적절한 방법으로 발전시키는 것이 중요하다. 명상수련을 계속하다보면 깨어있음과 집중에 상당한 정도의 진전이 있을 것이다. 이러한 높은 수준에서 주의를 기울일때 각각의 과정이 일어나고 사라지는 모든 순간을 이해할 수 있을 것이다.

그러나 이러한 명상수련을 배우지 않은 사람들은 대개가 다음과 같이 생각할 것이다. 즉 몸과 마음은 삶이나 존재를 통하여 영원한 상태로 남을 것이며, 어린시절의 몸이 자라서 똑같은 어른이 되었으며, 젊었을때 마음이 자라서 똑같이 성숙했으며, 몸과 마음은 하나이며 똑같은 인격이라고 생각할 것이다.

하지만 사실은 그렇지가 않다. 아무것도 영원하지 않다. 모든 것은 순간에 생겨나며, 그리고 다시 사라진다. 심지어 눈을 깜빡거리는 순간에도 남아있는 것은 아무것도 없다.

변화는 매우 빠르게 일어난다. 그리고 그것들은 때가 되면 이해될 것이다. 배의 '나옴, 들어감' 그리고 기타 등등을 주시하는 명상을 하는 동안에 수련자는 이러한 과정들이 일어나면서 순간적으로 매우 빠르게 사라짐을 깨닫게 될 것이다.

이와같이 주시하는 바로 그 순간에 모든것이 사라진다는 것을 깨닫게 되면 수련자는 아무것도 영원한 것은 없다는 사실을 받아들일 것이다. 사물의 상태가 영원하지 않다는 사실을 아는 것은 무상(無常)에 대한 통찰이다. 그리고 나서 수련자는 항상 변하는 사물의 상태에 대해서 거부감을 느끼고 더이상 그것을 바라지 않게 될 것이다. 이것을 괴로움에 대한 통찰이라고 한다.

그리고 괴로움에는 또한 많은 고통스러운 느낌들이 있는데 이 몸은 고통의 덩어리라고 여긴다. 이것 또한 괴로움에 대한 통찰의 하나이다.

그리고 물질과 마음의 요소는 결코 수련자의 의도를 따르지 않으며, 그것들은 그것들 자체의 성질과 조건에 따라서 행위하는 것을 깨닫게 된다. 그 과정을 주시하면서 전념하는 동안에 수련자는 이러한 과정들이 통제될 수 없으며, 그것들은 실제적인 의미에서 개체, 살아있는 존재, 자아가 아님을 확인하게 된다. 이것을 나가 없는 것에 대한 통찰이라고 한다. 그대가 무상, 괴로움, 무아에 대한 통찰을 완전히 발전시켰을때 니르바나를 얻을 수 있다.

아득한 옛날 부처님들, 아라한 그리고 성스러운 자들이 비파사나에 의해서 니르바나를 실현했다. 이것은 니르바나로 가는 성스러운 길이다. 사실 비파사나는 네개의 명상의 대상(四念處)으로 구성되었으며 니르바나로 가는 가장 빠른 길이다. 그대들은 명상하면서 수행의 과정을 거쳐가야 한다. 그대들은 지금 부처님들, 아라한 그리고 성스러운자들이 걸어갔던 가장 성스러운 길에 있음을 염두해 두어야 한다. 분명히 그대들에게 이 기회는 주어졌다. 그대들은 이 기회를 이용하게 된것을 진심으로 기뻐해야 한다. 또한 방황하지 않고 성스러운 길을 걸어가면서 이제 아라한 그리고 성스러운 자들에 의해 알려진 깊은 집중과 지혜를 얻게 될것을 확신하게 될 것이다.

그대들은 이전의 삶의 과정에서 결코 얻지 못했던 집중의 순수한 상태를 발전시킬 것이며 집중이 진전됨에 따라 많은 기쁨을 누리게 될 것이다. 그대들은 또한 직접적인 경험에 의해서 무상, 괴로움 그리고 무아의 실제적인 지혜를 배울 것이며, 이러한 지혜의 완전한 발전에 의해서 니르바나를 실현할 것이다.

이 목표를 성취하는데 오래 걸리지는 않을 것이다. 한달, 또는 이십일 또는 보름에 가능할 수도 있고, 예외적으로 집중에 뛰어난 능력을 가진 자는 7일만에 니르바나를 얻는것이 가능하다.

그대들은 진지하게 명상수련을 하면서 이것이 분명히 마가팔라(magga-phala : 道―果)의 지혜를 발전시키고 니르바나의 실현으로 이끄는 것임을 확고하게 믿어서 수행을 해나가야 한다. 그러면 그대들은 '나'가 있다는 잘못된 견해와 의심에서 자유로울 수 있으며, 이제 더이상 지옥, 아귀 또는 축생의 비참한 존재의 상태에 다시 태어나지 않을 것이다.

제 2 부
깨달음으로 가는 명상

1. 이끄는 글

누구나 괴로움을 좋아하지 않고 행복을 추구하는 것은 자명한 이치이다. 오랜 옛날부터 인류는 괴로움을 완화하고 행복을 누리기 위하여 모든 노력을 기울여오고 있다.

그런데 인류의 노력은 물질적인 방법에 의하여 육체적인 안락을 추구하는 방향으로 나아가고 있다. 하지만 행복은 자신의 마음을 어떻게 하느냐에 달려있다. 단지 소수의 사람만이 정신적인 발전에 관심을 기울이고 있으며, 더 나아가 진지하게 마음을 닦는 자는 더욱 드물다.

이러한 사실은 자신의 몸을 깨끗이 하고, 몸단장하는 것, 맛있는 음식의 끊임없는 추구, 삶의 물질적인 수준을 높이고, 교통과 통신의 수단을 증진시키고, 질병과 고통을 막고 치료하기 위해 놀랄만한 기술적인 발전이 이루어진데서 엿볼 수 있다.

이러한 모든 노력들은 주로, 육체에 영양을 주고 돌보는 것과 관련되어 있다. 여기에서 인류는 육체에 관련된 것이 본질적인 것이라고 생각하고 있음을 분명히 알 수 있다. 그렇지만 이러한 인류의 노력과 성취도 늙음, 죽음, 병, 가정적인 불행 그리고 경제적인 문제들 즉 원하는 것이 이루어지지 않는것 그리고 이와 연관된 괴로움의 완화나 근절을 가져올 수는 없다. 이러한 종류의 괴로움들은 물질적인 수단에 의해서 극복될 수 없다. 그것들은 오로지 마음의 수련과 정신적인 발전에 의해서 극복될 수 있다.

그러면 이제 올바른 길은 마음을 길들이고, 안정시키고, 정화시키는 것을 추구하는 것임이 분명해진다. 그리고 이길은 염처경에서 잘 설명해주고 있다.

부처님께서는 다음과 같이 말씀하셨다.

'이것은 존재의 정화를 위한, 슬픔과 고통을 극복하기 위한, 고통과 슬픔을 소멸시키기 위한, 올바른 길(道)에 이르기위한, 니르바나를 실현하기 위한 유일한 길 즉, 네개의 대상을 명상(四念處)하는 것이다.'

사념처(四念處)는 1)몸(身) 2)느낌(受) 3)마음(心) 4)마음의 대상(法)에 대한 명상이다. 분명히 이길은 고통을 야기시키는 마음의 번뇌를 제거하고 행복을 추구하는 자가 따라가야 할 길이다.

만약 누군가 그대에게 슬픔과 고통을 극복하고 싶은가 하고 묻는다면 그대는 분명히 '그렇습니다'하고 말할 것이다. 그러면 그대는 물론 모든 사람이 사념처를 명상하여야 한다. 만약에 누군가 그대에게 고통과 슬픔을 소멸시키기를 바라느냐고 묻는다면 그대는 '그렇다'고 대답하는데 망설이지 않을 것이다. 그러면 그대는 물론 모든 사람들이 사념처를 명상해야 한다. 만약 누군가가 그대에게 올바른 길을 걸어서 늙고, 병들고, 죽고, 모든 괴로움에서 완전히 자유로운 상태인 니르바나를 얻고 싶은가 하고 묻는다면 그대는 분명히 긍정적인 대답을 할 것이다. 그러면 그대는 물론 모든 사람이 사념처를 명상해야 한다.

그러면 어떻게 사념처를 수련해야 할 것인가? 염처경에서 부처님께서는 다음과 같이 말씀하셨다.

'몸을 관찰하고, 느낌을 관찰하고, 마음을 관찰하고, 마음의 대상을 관찰하는 수행을 꾸준히 해나가라.'

그렇지만 유능한 스승의 도움이 없이 평범한 사람이 집중과 통찰을 발전시키기 위해 이러한 명상을 체계적으로 수련하는 것이 쉽지는 않을 것이다. 나 자신이 존경하는 스승의 지도아래서 사념처의 최고의 단계를 거쳤다. 그리고 1938년 이후에 개인적인 지도는 물론 책과 강의를 통하여 수천명의 수행자들에게 명상의 방법을 전하였다.

나에게서 지도를 받았던 많은 사람들의 요청에 의해서 두 권의 비파사나(통찰) 명상에 대한 논문을 썼다.

그 논문들은 1944년에 발간된후 일곱번 발행하였다. 모든(장)에서 제5장을 제외하고, 팔리경전, 주석서 그리고 주해석서에 관한 주제를 다루었다. 제5장에서 나는 제자들이 어떻게 시작해서 단계적으로 나갈것인가에 대해서 청정도론(Visuddhimagga) 및 다른 경전들과 일치하면서 쉽게 이해할 수 있도록 영어로 쓰기로 했다.

이책은 제5장에서 다루었던 내용을 영어로 번역한 것이다. 버마(현 미얀마)원본의 처음 14쪽까지는 1954년에 나의 오래된 제자 유페틴(Upethin)이 외국에서 우리의 명상 센터에 오는 수련자들의 편의를 위해서 영어로 번역한 것이다. 버마 원본의 15~51쪽까지는 니야나포니카(Nyanaponika) 대장로의 요청에 의해서 나의 제자이면서 후원자인 미얀나움 우틴(Myanaung U Thin)이 영어로 번역하였다. 덧붙여 말하면 우리의 명상센터 타타나 에익타(Thathana Yeiktha)의 면적은 약 24에이커이며, 교사들과 수련자, 재가자는 물론 승려들, 남자와 여자들이 명상하는 건물이 50여채 조금 넘게 있다.

니야나포니카(NyanaPonika) 대장로는 이책을 마지막으로 교정하는데 많은 조언을 해주었다. 우페틴(UpeThin)의 번역은 미국의 여성 불자인 멕콜룸(Mary Macollum)이 수정하고 보충해 주었다. 그녀는 인도의 명상센터는 물론 아나그리카 무닌드라(Anagrika[1] Munindra)의 지도밑에서 사념처 명상을 수련하였다. 아나그리카 무닌드라는 상당히 오랫동안 우리들과 머물렀다. 그가 원고를 보내면 우리가 교정을 해서 니야나 포니카 대장로에게 가져가서 교정을 마무리했다.

그래서 이 책은 앞에서 말한 두명의 번역가들과 여러 사람들의 협조로 만들어진 것이다.

앞에서 언급한데로 나의 버마 논문 제5장은 공통적인 언어(영어)로 쓰였다. 여기서 내가 말하고 싶은것은 이 책에서 팔리어 없이 발견되는 교리적인 용어는 '통찰의 과정'에서 충분히 이해

---

1) Anagrika는 '집없는 자'를 뜻한다.

되도록 설명되고 있는데, 이것은 니야나포니카 대장로가 나의 팔리 논문을 영어로 번역한 것이다.

그의 저서인 '불교 명상의 진수'는 내가 이 주제를 다루는데 많은 도움을 주었다.

끝으로 말하고 싶은 것은

1) 이 책은 출판해준 분들은 물론 번역과 교정을 맡아 도와준 모든 분들에게 깊은 감사를 드리며,

2) 이 책을 읽는 독자들에게는 이론적인 내용을 읽는 것에만 그치지 않고 체계적이고 지속적인 수련을 계속 해나가기를 당부하며,

3) 그들 모두가 곧 통찰을 얻어서 부처님께서 염처경에서 말씀하신 모든 기쁨을 누리기를 바란다.

1970.11.1　　　　　　　Bhaddanta Sobhana
'Thathana Yeiktha'　　　　Agga Maha Pandita
16, Hermitage Road,　　　Mahasi Sayadaw
Rangoon, Burma

2. 기초수련

예비 단계

　만약 당신이 진실로 명상을 발전시키고 현재의 삶에서 통찰을 얻기를 바란다면 수련하는 동안에는 세속적인 생각과 행위들을 단념해야 한다. 수련하는 과정에서 이루어지는 모든 행위는 행동의 정화를 위한 것이며 본질적으로 명상의 원활한 발전을 위한 예비적인 단계이다.

　당신은 또한 재가자(또는 승려들)에게 금지한 계율을 지켜야 한다. 왜냐하면 그것들은 통찰을 얻는데 장애가 되기 때문이다.

　재가자들을 위해서 이 계율들은 여덟개로[2] 구성되어 있는데 그것은 불교 신자들이 공휴일(uposatha)과 명상 수련기간에 지키는 것이다.

---

[2] 여덟개의 보살계(菩薩戒)
①살생 ②도둑 ③성적인 관계 ④거짓말 ⑤술에 취하는것 ⑥딱딱한 음식을 먹고 정오 이후에 음료를 마시는것 ⑦춤, 노래, 음악, 공연(참가하고 관람하는것) 향수, 향유 기타등등의 사용 ⑧사치스러운 잠자리를 삼가할것 ⑨추가적인 계율은 재가자는 성인의 경지를 얻은 어느 누구에게도 비난하거나 농담하거나, 악의에 찬 말을 해서는 안된다.

만약 당신이 계율을 범하면 개인적으로 상대자에게 사과하거나, 자신의 스승을 통하여 사과해야 한다. 만약 과거에 당신이 죽이거나, 주위에 없는 성스러운 자에게 모욕적인 말을 했다면 그 잘못을 당신이 스승에게 고백하거나, 스스로 반성해야 한다.

전통적인 불교의 스승들은 수련하는 기간에는 당신 자신을 깨달은자, 부처님에게 완전히 내맡길 것을 강조한다. 왜냐하면 만약 당신의 마음상태가 명상하는 동안에 불건전하거나 무서운 광경들을 만들어낼 경우 놀라서 두려워 할 수 있기 때문이다.

또한 당신 자신을 당신의 스승의 지도아래 두어야 한다. 그러면 스승은 당신의 수행 정도를 점검할 수 있으며 필요한 도움을 당신에게 줄 수 있다. 이것이 깨달은자, 부처님에게 완전히 내맡겼을때 그리고 스승의 지도 밑에서 수련할때 유리한 점들이다. 이 수련의 목적과 여기에서 얻을 수 있는 가장 큰 효과는 모든 악과 괴로움의 뿌리인 탐욕, 화냄, 어리석음에서 해방되는 것이다. 통찰을 집중적으로 수련하는 과정은 당신을 그러한 해방으로 이끌 것이다. 따라서 이러한 목적을 갖고 부지런히 정진할때 당신의 수련은 성공적으로 완성될 것이다.

사념처에 바탕을 둔 이러한 종류의 명상수련은 수많은 부처님들과 해탈을 얻은 성스러운 자들이 실천했던 것이다. 이제 당신은 과거에 깨달은자들이 수련했던 것과 똑같은 종류의 수련을 하게 된 기회를 갖게 된것을 기쁘게 생각해야 한다.

또한 당신은 깨달은자, 부처님께서 당신에게 명상하라고 일러준 사무량심(四無量心)[3]에 대해서 간단히 명상하면서 수련을 시작하는 것이 중요하다.

그것들에 대해서 명상하는 과정에서 당신은 심리적인 충족감을 느낄 것이다. 이러한 네개의 명상의 주제들은 부처님의 거룩함, 자비심, 육체에 대한 혐오 그리고 죽음이다.

첫째, 부처님의 9가지 중요한 특성을 지극한 마음으로 찬탄하면서 부처님에게 귀의 하여야 한다.

진실로 부처님은 성스러우며, 완전히 깨달은 자이며, 지혜와 행동이 완벽하며, 복덕자이며, 세간사를 모두다 알며, 인간을 가르치는 데는 견줄수 없는 스승이며, 신과 인간들의 스승이며 최고로 높으신 분이다.

둘째, 모든 감각이 있는 존재들(有情)에 대해서 당신의 자애(慈愛)를 받는 존재로 명상하면서, 당신의 자애로운 생각으로 튼튼하게 되며, 당신 자신을 모든 감각있는 존재들과 아무런 차별이 없이 다음과 같이 동일화해야 한다.

'나는 적의감, 질병 그리고 고통에서 벗어나기를 바란다. 나와 마찬가지로 또한 나의 부모, 스승, 훈계자, 동료 그리고 하찮은 유해로운 존재조차도 적의감, 질병, 고통에서 벗어나기를 바란다.'

셋째, 육체의 혐오스러운 성질을 명상하면서 당신이 불건전

---

3) 四無量心
① 慈:생명이 있는 모든 존재에 대하여 차별없이 무한한 자비를 베푼다.
② 悲:싸움과 갈등속에 있는 중생을 보고 슬픈 마음을 일으킨다.
③ 喜:다른 중생의 성공에 더불어 기대한다.
④ 捨:삶의 모든 성쇠에 관하여 평정한 마음을 갖는다.

한 집착을 제거하는 것을 도와주며, 많은 사람들도 육체에 대해서 그렇게 생각하도록 한다. 예를들면 위장, 내장, 담, 점액질, 고통과 같은 육체의 불결한 것[4]에 대해서 곰곰히 생각하면 육체에 대한 집착은 사라진다.

넷째, 항상 죽음에 접근하는 현상을 명상하는 것이다. 불교의 스승들은 삶은 불확실 하지만 죽음은 확실하다고 강조한다. 삶은 그것의 목적으로 죽음을 갖고 있다. 여기에 태어남, 괴로움, 질병, 죽음 그리고 결국에는 죽음이 있다. 이것은 모든 존재가 겪어야 할 모습이다.

기본수련 하나

명상수련을 시작하기 위하여 먼저 가부좌를 틀어서 앉는다.
가부좌는 반가부좌이든 결가부좌이든 자신에게 편안한데로 자세를 취하면 된다. 그리고 바닥에 앉아서 명상하는 것이 불편하면 다른 자세를 취해도 좋다.(중요한 것은 자세가 아니라 어떤 자세이든 그것을 주시하는 것이다.)

그 다음에는 당신의 마음(눈이 아님)을 배(단전)에 두도록 한다. 그러면 당신은 배가 나오고 들어가는 움직임을 알게 될 것이다. 만약 처음에 이 움직임이 분명하게 느끼지 못하면 양손을

---

[4] 육체의 명상에서 사용되는 신체의 32개 부분은 다음과 같다. 머리카락, 체모, 손톱, 치아, 피부, 살덩이, 근육, 뼈, 골수, 신장, 심장, 간 횡경막, 비장, 폐, 장, 장간막, 위장, 배설물, 담즙, 점액질, 고름, 피, 땀, (상처의)진물, 눈물, 콧물, 혈청, 타액, 활액, 오줌, 뇌

배에 올려 놓아서 배가 나오고 들어가는 움직임을 느껴야 한다.

잠시후에 숨을 들이 쉬면서 배가 나오고 숨을 내쉬면서 들어가는 움직임이 분명해진다. 그러면 배가 불러올때는 '나옴'을, 그리고 배가 줄어들때는 '들어감'을 관찰하라. 이렇게 해서 당신은 모든 움직임에 대해서 관찰을 해야한다. 이러한 수련으로부터 당신은 배가 나오고 줄어드는 움직임의 실제적인 방법을 배우게 된다.

당신은 배의 형태에 대해서 관심을 가져서는 안된다. 단지 배의 나오고 들어가는 움직임에 의해서 야기되는 육체적인 감각을 의식하기만 하면된다. 그러므로 배의 형태에 마음을 두지 않고 관찰하는 수련을 계속해 나가야 한다. 초보자에게 이것은 깨어있음, 집중 그리고 통찰을 발전시키는데 매우 효과적인 방법이다.

수련이 진척됨에 따라서 움직임이 분명하게 인식될 것이다. 여섯개의 감각기관에서 정신적, 심리적 과정이 연속적으로 일어나는 것을 아는 능력은 오로지 통찰 명상이 완전히 발전되었을 때만이 얻어진다.

당신은 아직 주의력과 집중력이 약한 초보자이기 때문에 계속적으로 일어나는 움직임과 사라지는 움직임에 마음을 유지하는 것이 어렵다는 것을 알게 될 것이다. 이러한 어려움에 관해서 당신은 이렇게 생각할 경우가 있을 것이다.

'나는 도무지 이러한 움직임들에 대해서 계속 마음을 유지하는 방법을 모르겠다.'

그러면 이것은 배우는 과정이라고 생각해서 넘어가라. 배의 나오고 들어가는 움직임은 항상 현재이다. 그러므로 조금전에 지나쳐버린 것을 두고 후회할 필요는 없다. 사실 초보자가 그의 마음을 이러한 두개의 단순한 움직임에 유지하는 것이 어려운 일은 아니다. 배의 나오고 들어가는 움직임을 완전히 깨어있으면서 이 수련을 계속해나가면 된다. 결코 입으로 나옴, 들어감을 반복하지 말아야 한다. 그리고 용어나 명칭으로 나옴, 들어감을 생각해서도 안된다. 단지 배가 나오고 들어가는 신체적인 과정을 지켜보기만 하라.

배의 움직임을 더 뚜렷이 하기 위하여 길거나 급한 숨을 쉬는 것은 피하라. 왜냐하면 이 방법은 얼마가지 않아 피로를 야기시켜서 오히려 명상을 방해하기 때문이다. 오로지 평상시의 숨을 자연스럽게 쉬는 과정에서 생기는 배의 나오고 들어가는 움직임에 완전히 깨어 있으라.

기본수련 둘

배가 나오고 들어가는 움직임을 주의깊게 관찰하는 동안에 다른 생각들이 일어날 수 있다. 즉 의도, 관념, 상상 같은 생각이나 앎의 정신적 기능들이 배의 나오고 들어가는 움직임을 관찰하는 사이에 생길수가 있다. 그렇다고 해서 그것들을 떨쳐버릴려고 애쓸 필요는 없다. 단지 일어나는 각각의 생각을 주의깊게 바라보기만 하면 된다.

만약 당신이 어떤 것을 상상한다면, 그 상상하는 것을 가만히 주시하기만 하면 된다.

　만약 당신이 어떤 것을 꾸준히 생각한다면 그 '생각함'에 주의를 기울여야 한다. 만약 당신이 반성한다면 '반성함'을, 마음이 배가 나오고 들어가는 움직임을 주시하는 것에서 달아나 버리면 '달아남'을, 당신이 어떤 장소에 가고 있음을 생각하면 '가고 있음'을, 당신의 마음이 어떤곳에 도착하면 '도착함'을, 당신의 생각에서 어떤 사람을 만나면 '만남'을, 만약 당신이 그사람과 상상하면서 대화를 하면 '대화함'을, 당신이 빛이나 색깔을 생각속에서 보거나 상상하면 '보고 있음'을 단지 주시하기만 하면 된다.

　게으르지 말고 주의를 기울여서 계속 나아가라. 만약 당신이 이렇게 전념하는 동안에 침을 삼키고 싶으면 '삼키고 싶음'을, 삼키는 행위를 하는 동안에는 '삼킴'을, 침을 뱉고 싶으면 '뱉고 싶음'을 주시해야 한다. 그리고 다시 되돌아와서 배가 나오고 들어가는 움직임을 관찰하는 수련을 해야한다.

　만약에 목을 숙이고 싶으면 '숙이고 싶음'을, 목을 똑바로 세울 때는 '똑바로 세움'을 주시해야 한다. 목을 숙이고 똑바로 세우는 모든 움직임은 천천히 이루어져야 한다. 이러한 각각의 행위에 대해서 주시를 한다음에는 완전히 깨어있는 상태에서 배가 나오고 들어가는 움직임을 주시하는 수련을 해나가야 한다.

기본수련 셋

　앉거나 누워있는 한가지 자세로 오랫동안 명상을 계속하다보면 몸이나 팔, 다리에 피곤하거나 뻣뻣함을 느낄 수 있다. 이러한 느낌이 일어나면 느낌이 일어나는 신체의 부위에 의식을 집중시켜서 '피곤함' 또는 '뻣뻣함'을 계속 주시하는 명상을 해야 한다.

이것은 자연스럽게 하라. 즉 너무 빠르거나 너무 느리게도 하지 말라. 그러면 이러한 느낌은 점차 희미해지면서 마침내 모두 사라질 것이다. 만약에 이러한 느낌들 중의 어느 하나가 더욱 심해져서 육체적 피로나 관절의 뻣뻣함을 참을 수 없게 되면, 그때는 자세를 바꾸어라. 그렇지만 당신이 자세를 바꾸기 전에 '바꾸고 싶음'에 대해서 주시하는 것을 잊지 말아야 한다.

모든 세밀한 움직임이 각각의 순서에 따라서 주의깊게 관찰되어야 한다. 만약에 당신이 손이나 발을 들어올리고 싶으면 '올리고 싶음'을, 손이나 발을 들어올리는 행위를 할때는 '들어 올림'을 손이나 발을 펼때는 '펌'을, 손이나 발이 접촉할때는 '접촉함'을 주시해야 한다. 이러한 모든 행위들은 천천히 신중한 태도로 진행되어야 한다. 그리고 새로운 자세를 취하자마자, 다시 배의 움직임에 대한 명상을 계속해야 한다. 만약 새로운 자세에서 다시 불편하거나 답답함을 느끼면 위에서 설명한 데로 다시 천천히 자세를 바꾸면서 그 과정을 관찰해야 한다.

만약 가려운 감각이 신체의 어느 부위에서라도 느껴지면 마음을 그 부분에 집중해서 '가려움'에 주시하라. 이것은 자연스러운 태도로 해야하며 너무 빠르거나 너무 느리게도 하지말라. 완전히 깨어있는 상태에서 가려운 감각이 사라지면, 다시 배의 움직임에 대한 주시를 계속해야 한다.

만약 가려움이 계속되고 너무 심해서, 가려운 부분을 긁고 싶으면 반드시 '긁고 싶음'을 주시해야 한다. 천천히 손을 들어서 동시에 '들어 올림'의 행위를 관찰하며, 손이 가려운 부분을 만질 때 '만짐'을 의식하고 완전히 깨어있는 상태에서 천천히 '긁음'을 주시해야 한다. 가려운 감각이 사라져서 긁는것을 그만두고 싶으면 다시 '그만두고 싶음'을 관찰해야 한다. 천천히 손을 도로 가져오면서 동시에 '도로 가져옴'을, 손이 원래의 자리에 놓아서 다리에 닿으면 '닿음'을 주시한다. 그리고 나서 다시 배의 움직임을 관찰하는데 주의를 기울여라.

만약에 고통이나 불편함이 있으면 그 감각이 일어나는 신체의 부위에 마음을 두어라. 고통, 쑤심, 누름, 시름, 피곤함, 현기증 같은 특정한 감각이 일어날때는 그 각각에 대한 관찰을 해야 한다.

여기서 강조할 것은 관찰은 무리하게 하거나 지체해서도 안되며 차분하게 평상시의 태도로 이루어져야 한다는 것이다. 그 고통은 결국 멈추거나 증가될 수 있다. 그러나 만약 이것이 증가해도 두려워하지 말라. 확고한 신념을 갖고 명상을 계속해나가라. 만약 그렇게 한다면, 고통이란 것이 결국에는 멈추게 되는 것임을 알게 될 것이다. 따라서 잠시후에 고통이 증가하고 거의 참을 수 없게 되더라도 그 고통을 무시하고 배가 나오고 들어가는 움직임을 관찰하는 명상을 계속해야 한다.

깨어있는 상태에서 명상을 계속함에 따라 당신은 강한 고통의 감각을 경험할 것이다. 즉, 숨막히거나 질식시키는 감각, 칼로 도려내는것, 날카로운 기구로 찌르는 것과 같은 고통, 날카로운 바늘로 찌르는 기분 나쁜 감각, 작은 벌레가 온몸을 기어다니는 것과 같은 기분들을 느낄 것이다. 당신은 가려움, 얼얼함, 차가운 감각을 경험할 것이다. 그리고 명상을 그만두는 순간에 이러한 고통스러운 감각 또한 사라지는 것을 느낄 것이다. 다시 당신이 명상을 시작하면서 깨어있는 상태에 전념하는 순간 다시 그러한 고통들을 겪을 것이다. 그러나 이러한 고통스러운 감각들을 심각한 것으로 생각할 필요는 없다.

그것들은 몸에 이상이 생기는 경우가 아니라 육체에 항상 잠재해 있는 공통적인 요소들이며, 마음이 평상시 어떤 특정한 대상에 전념할때는 보통 불분명하게 느껴지는 것들이다.

주의력이 예민해짐에 따라 당신은 더욱 이러한 감각들이 드러나는 것을 보게 될 것이다. 하지만 명상이 계속 진전함에 따라 당신이 이러한 감각들을 모두 극복하고 사라질 때가 나타날 것이다.

만약 당신이 확고한 목적을 갖고 명상을 계속해나가면, 어떠한 해로움도 당신에게 일어나지 않을 것이다. 만약 당신이 용기를 잃고 명상하는 마음이 헤이해지고 명상을 중간에 자주 중단하면, 명상할때마다 이러한 불유쾌한 감정을 되풀이하면서 직면하게 될 것이다.

만약 당신이 결심을 굳게 하고 계속해나가면 이러한 고통스러운 감각들을 거의 극복할 것이며, 다시는 명상하는 과정에 이러한 느낌들을 경험하지 않을 것이다. 만약 당신이 몸을 흔들고 싶으면, '흔들고 싶음'을 의식해야하며 흔들고 있는 동안에는 '흔들음'을 주시해야 한다.

명상할때 당신은 때때로 몸이 앞뒤로 흔들리는 것을 발견할 것이다. 그러나 두려워하지 말라. 즐거워하지도 말고 계속 흔드는 것을 바라지도 말라. 만약에 당신이 흔들리는 행위가 끝날때까지 계속 흔들림을 주시하고 있으면 흔들림은 사라질 것이다.[5]

만약에 그것에 주시를 해도 흔들림이 증가하면, 벽이나 기둥에 기대거나 또는 잠깐동안 누워있으면 된다. 그리고 나서 명상을 계속해 나가라. 격하게 요동치거나 떨림이 오는 경우에도 앞에서와 똑같은 방법으로 하면 된다.

명상이 진전될때 당신은 때때로 등이나 온몸을 전율케하거나 오싹한 느낌이 통하는 것을 느낄 것이다. 이것은 강한 집중, 몰입 또는 환희의 느낌의 징후이며, 명상이 제대로 이루어지는 과정에서 저절로 일어난다. 당신의 마음이 명상에 집중되었을때 당신은 작은 소리에도 놀랄 수 있다. 이것은 당신이 깊은 명상의 과정에서 감각을 받아들이는 효과가 좀더 강하게 느껴지기 때문에 일어난다.

만약 명상하는 도중에 목이 마르면 '목마른' 느낌을 의식하고,

---

[5] 이것을 진동이라고 한다. 이러한 진동은 발가락 끝에서 머리끝까지 온몸에 걸쳐서 빠르게 일어난다. 혹 자는 이러한 진동을 통해서 우주의 에너지를 얻는다고 주장하고 있기도 한데, 이러한 진동은 온몸의 긴장을 완전히 풀어서 눕거나 앉아 있는 상태에서 손끝이나 발끝에 의식을 집중하면 누구나 경험할 수 있는 현상이다.

서 있고 싶으면 '서있고 싶음'을 주시한다. 그리고 나서 일어설 준비를 하는 모든 움직임을 관찰한다. 서있는 행위에 마음을 집중해서 '서있음'을 주시하고, 똑바로 서서 바라볼때는 '바라봄'을 주시하고, 앞으로 걷고 싶으면 '걷고 싶음'을, 앞으로 걸어갈때는 모든 걸음을 '걸어감, 걸어감' 또는 '오른발, 왼발' 하면서 주시한다. 걸어갈때는 처음부터 끝까지 깨어있는 상태에서 모든 발걸음을 매 순간마다 의식하는 것이 중요하다. 거리를 걷거나 산보를 할때도 이와같은 방법으로 한다.

모든 걸음은 다음과 같이 두개의 부분으로 주시하도록 하라.
'들어 올림, 내디딤', '들어 올림, 내딛딤'

걷는 자세에서 충분히 수련을 하였을때 각 발걸음에 대해서 세개의 부분으로 주시하라. '들어 올림, 앞으로 내밈, 디딤, 들어 올림, 앞으로 내밈, 디딤.' 당신이 물을 얻기위한 곳에 가서 수도꼭지나 주전자를 바라볼때 반드시 '바라봄'을 주시하라.

걸음을 멈출때는 '멈춤'
손을 뻗칠때는 '뻗침'
손이 컵에 닿을때는 '닿음'
손으로 컵을 쥘때는 '쥠'
컵을 물속에 담갔을때는 '담금'
컵을 입으로 가져올 때는 '가져옴'
컵이 입에 닿았을때는 '닿음'
만약 물이 차가우면 '차가움'

물을 삼키면 '삼킴'
컵을 되돌리면 '되돌림'
손을 끌어당기면 '끌어 당김'
손을 밑으로 내리면 '밑으로 내림'
손이 신체의 각부분에 닿으면 '닿음'
만약 등을 돌리기를 원하면 '원함'
주위를 돌때 '돌고 있음'
앞으로 걸어갈때 '걸어감'
어떤 곳에 도착해서 멈추기를 원하면 '원함'
멈출때는 '멈춤'

만약에 잠시동안 계속 서 있으면 다시 배가 나오고 들어가는 움직임을 계속 관찰해야 한다. 다시 앉기를 원하면 '원함'을, 앉기 위해서 앞으로 걸어 갈때는 '걸어감'을 앉을 자리에 도착하면 '도착함'을 앉기 위해 돌아서면 '돌아섬'을, 앉는 행위의 과정에서는 '앉음'을 주시해야 한다.

천천히 앉아서 마음을 신체의 아랫부분의 움직임에 둔다. 그리고 손과 발을 제자리에 갖다 놓는 모든 움직임을 주시해야 한다. 그리고 나서 배의 움직임을 명상하는 수련을 다시 시작한다. 만약 눕기를 원하면 '원함'을 주시하라. 그리고 나서 누워있는 동안에 모든 움직임에 대한 명상을 계속 해나간다. '몸을 일으킴, 기지개를 킴, 자리를 옮김, 바닥에 닿음, 들어누움' 손과 발 그리고 몸을 제자리에 두면서 모든 움직이는 대상을 명상한다. 이러한 동작은 천천히 해야한다. 그 다음에 다시 배가 나오고 들어가는 움직임을 계속 주시한다.

만약 고통, 피곤, 가려움 또는 다른 감각이 느껴지면, 이러한 감각 각각에 대해서 주의깊게 관찰해야 한다. 다시 말해서 사고, 관념, 의도, 반성의 모든 느낌들과 손과발, 팔 그리고 몸의 모든 움직임에 대해서 주의깊게 관찰하라.

더이상 특별하게 관찰하는 것이 없으면 다시 마음을 배가 나오고 들어가는 움직임에 두어서 수련을 계속해 나가야 한다.

졸릴때는 '졸림', 잠이 올때는 '잠이 옴'을 주시하라. 명상하는 데 있어서 충분한 집중을 얻은후에, 당신은 졸음과 잠을 이겨낼 수 있으며, 그결과 신선한 기분을 느낄 것이다. 그리고 나서 배가 나오고 들어가는 움직임을 주시하는 수련을 해야한다. 만약에 당신이 졸린 느낌을 극복할 수 없다면, 할수없이 잠을 자야겠다고 할때 명상은 잠드는 그 순간까지도 계속 진행되어야 한다.

잠자는 상태는 잠재의식의 연속이다. 이것은 다시 태어날때 의식의 처음상태와 죽는 순간에 의식의 마지막 상태와 유사하다. 이 상태에서는 의식이 희미하기 때문에 대상에 대해 깨어있을 수 없다. 당신이 깨어있을때 잠재의식은 보고, 듣고, 맛보고, 냄새맡고, 만지고, 생각하는 순간 사이에서 일정하게 일어난다. 잠재의식은 짧은 순간에 일어나기 때문에 대개가 분명하지 않다. 따라서 인식되지도 않는다. 잠재의식의 연속성은 잠자는 동안에 유지된다. 당신이 깨어있을때 어떤 사실이 분명해진다.

명상은 잠에서 깨어나는 순간부터 해야한다. 지금 당신은 초보자이기 때문에, 깨어나는 바로 그 순간에 명상을 시작하는 것이 불가능 할 것이다. 그러므로 당신이 명상하고 있다는 사실을 기억하는 그 순간부터 명상을 시작하면 된다. 예를들면, 깨어나서 어떤것을 반성하고 있으면, 당신은 그 사실을 알아차려서 '반성함'을 주시하는 명상을 시작해야 한다. 그리고 나서 다시 배가 나오고 들어가는 움직임을 주시하는 수련을 계속 진행해 나가야 한다. 잠자리에서 일어나면 신체의 모든 움직임에 대해서 상세하게 관찰해야 한다. 손과발 그리고 엉덩이의 모든 움직임이 완전히 깨어있는 상태에서 관찰되어야 한다.

당신은 잠에서 깬 순간을 생각하고 있는가? 만약 그렇다면 '생각함'을 주시하라. 당신은 잠자리에서 일어나고 싶은가? 만약 그렇다면 '일어나고 싶은 마음'을 주시하라. 만약 몸을 일으키기 위하여 일어날 준비를 하면 '준비하는 마음'을 주시하라. 천천히 일어나면서 '일어남'을 주시하라. 당신이 자리에 앉을때는 '앉음'을 주시하라.

만약 계속 앉아있게되면 다시 배가 나오고 들어가는 움직임을 관찰하라. 세수하거나 목욕하는 행위들을 순서대로 하면서 모든 움직임에 완전히 깨어 있으라. 예를 들면 바라봄, 뻗침, 잡음, 만짐, 추위를 느낌, 문지름등을 관찰하라. 옷을 입으면서, 잠자리를 정돈하면서, 문을 열고 닫으면서, 물건을 정리하는 행위등 모든 행위를 순서에 따라 주의깊게 관찰하라.

당신은 먹는 행위에서도 모든것을 상세하게 관찰해야 한다.

음식을 바라볼때는 '바라봄'
음식을 배열할때는 '배열함'
음식을 입으로 가져올때는 '가져옴'
목을 앞으로 구부릴때는 '구부림'
음식을 입안에 넣을때는 '넣음'
입을 다물때는 '다뭄'
손을 도로 가져올때는 '도로 가져옴'
만약 손이 접시에 닿으면 '닿음'
목을 똑바로 세울때는 '세움'
음식을 씹을때는 '씹음'
맛을 알때는 '앎'
음식을 삼킬때는 '삼킴'
음식을 씹는 동안 음식이 식도에 닿는 느낌이 들면 '닿음'

음식을 다 먹을 때까지 한입 한입 마다 이러한 자세로 명상을 해야한다. 이 수련을 시작할때는 많은 것을 생략하게 될 것이다. 그렇지만 걱정하지 말라. 당신의 의지를 흔들리게 하지말라. 이 수련을 계속해나간다면 점점 생략하는 것이 줄어들 것이다. 이 수련으로 명상이 어느정도 진전된 단계에 이르렀을때, 당신은 또한 여기에 언급된것 이상으로 더 상세한 것을 주시할 수 있게 될 것이다.

명상의 발전

하루동안 수련한 후에 당신은 명상이 상당한 정도로 발전되었음을 발견하게 될 것이다. 그리고 나오고 들어가는 움직임을 주시하는 기본적인 수련을 연장시킬 수 있을 것이다. 이때 당신은 배가 나오고 들어가는 움직임 사이에 짧은 끊김이 있음을 알게 될 것이다. 만약 앉은 자세라면 이렇게 끊기는 순간에 앉아있는 상태를 의식하기 위해서 '나옴, 들어감, 앉음'을 관찰한다.

앉은 자세로 주시하고 앉을때는 상체의 똑바로 선 자세에 마음을 집중해야 한다. 누워있을때는 완전히 깨어있는 상태에서 '나옴, 들어감, 누움'을 계속 주시한다.

만약 이것이 쉽게되면 이 세개의 부분을 주시하면서 계속해나가라. 만약 잠깐 끊기는 것이 배가 들어가는 순간은 물론 나오는 끝에도 생기는 것을 관찰할 수 있으면 '나옴, 앉음, 들어감, 앉음'을 계속 주시한다.

또는 누워있을때는 '나옴, 누움, 들어감, 누움'을 주시한다. 만약 위와같은 방법으로 세개나 네개의 대상을 주시하는 것이 쉽지 않으면 다시 처음으로 돌아가서 배가 나오고 들어가는 두개의 움직임만 계속 주시하면 된다.

배가 나오고 들어가는 움직임을 주시하는 동안에 당신은 그밖의 보고 듣는 대상에 대하여 관심을 기울일 필요는 없다. 당신이 배가 나오고 들어가는 움직임에 마음을 유지할 수 있는한, 보고 듣는 행위와 대상을 주시하는 명상의 목적이 또한 충족되고 있기 때문이다.

  그렇지만 의도적으로 대상을 보게되면, 동시에 두번이나 세번 '바라봄'을 주시하라. 그 다음에 다시 배의 움직임을 관찰하는 것으로 되돌아 오면 된다. 만약 어떤 사람이 마음에 떠오르면 두세번 '떠오름'을 주시하라. 그리고 다시 배가 나오고 들어가는 움직임에 주의를 기울여라.

  당신은 소리나 소음을 들었는가? 만약 들었다면 '들음'을 주시하라. 그다음에 다시 배가 나오고 들어가는 움직임을 주시하라. 그러나 만약 당신이 개가 짖거나, 큰소리로 말하거나, 노래 부르는 것을 듣는다면, 즉시 '들음'을 두세번 주시하면 된다. 그리고 다시 배가 나오고 들어가는 기본적인 수련에 전념하라.

  만약 이와같이 뚜렷한 광경과 소리가 생길때 주시하는 것을 놓쳐버리면 배가 나오고 들어가는 것에 대해 집중하는 대신에 그것들에 대해서 상기시킬수 있는데 이것은 그때 배의 움직임이 덜 분명해지기 때문이다. 이렇게 집중이 산란하게 될때, 마음을 더럽히는 번뇌가 생기고 증가하게 된다. 만약 반성하는 마음이 일어나면 '반성하는 마음'을 두세번 주시하고 다시 배가 나오고 들어가는 명상에 전념해야 한다.

  만약 몸, 다리, 팔의 움직임을 주시하는 것을 잊어버리면 '잃어버림'을 주시하고, 다시 배의 움직임을 명상하는 평상시의 수련을 진행해야 한다. 때때로 숨이 느리거나 또는 배가 나오고 들어가는 움직임이 분명하게 인식되지 않는것을 느낄때가 있는데, 이런 경우에는 앉은 자세에서 단지 '앉음, 접촉'을 주시하라.

만약 누워있으면 '누움, 접촉'을 주시하라. '접촉'을 명상하는 동안에 마음은 신체의 똑같은 부분에 집중되지 않고 계속해서 다른 부분으로 갈 것이다. 접촉에는 몇개의 부분이 있는데 최소한 6~7개는 명상이 되어야 한다.[6]

기본수련 넷

지금까지 당신은 많은 시간을 명상 수련에 전념했다. 어쩌면 지금부터 당신은 이 방법이 당신에게 어울리지 않다고 생각하고 나태함을 느낄지도 모른다. 그러나 결코 포기하지는 말라. 단지 '나태함' 그 사실만을 주시하라.

당신이 충분한 관찰, 집중, 통찰을 얻기전까지는 이 훈련 방법이 옳은지 또는 유익한지에 대해서 의심할 수도 있다. 그러한 심리적 상태에서는 '의심스럽다'는 그 생각에 대해서 명상하라.

당신은 좋은 결과를 얻기를 기대하고 있는가? 만약 그렇다면 '기대하는 마음'에 대해서 당신의 생각을 집중하여 주시하라.

당신은 지금까지 수련해온 명상의 방법을 그만두고 싶은가? 그렇다고? 그러면 '그만두고 싶음'에 대해서 관찰하라. 가끔씩 명상의 대상이 마음인지 물질인지 알고 싶은 경우가 있는가? 만약 그렇다면 '알고 싶음'에 대해서 관찰하라. 당신은 명상이 조금

---

6) 접촉의 감각을 관찰할 수 있는 부위는 다음과 같다.
넓적다리와 무릎, 손을 함께 놓는것, 손가락과 손가락, 엄지손가락과 엄지손가락, 눈썹을 내리는 것, 입안에 있는 혀, 입을 다물때 입술의 접촉.

도 진전되지 않았다고 실망하고 있는가? 만약 그렇다면 '실망한 느낌'에 대해서 주시하라. 반대로 당신은 명상이 진전되어서 즐거운가? 만약 그렇다면 '즐거운 기분'에 대해서 명상하라.

이것은 정신적 행위가 일어날때마다 그 각각에 대해서 관찰하는 방법이며, 만약 주시할 생각이나 느낌이 중간에 일어나지 않으면, 다시 배가 나오고 들어가는 움직임을 관찰하는 명상을 해야한다.

엄격한 명상수련을 하는 동안 수련하는 시간은 잠에서 깨어나는 그 순간부터 잠들때까지이다. 다시말하면, 당신은 잠자는 시간을 제외하고 기본수련(배의움직임) 또는 여러가지 일어나는 대상에 대해 끊임없이 주의깊은 관찰을 해야한다.

여기에 휴식은 있을 수 없다. 명상의 어떤 단계에 다다랐을때 명상하는 시간을 늘렸음에도 불구하고 졸음을 느끼지 않을 때가 있을 것이다. 그리고 당신은 시간가는 것을 잊어버리고 명상을 계속할 수 있다. 결론적으로 지금까지 설명한 명상방법을 요약한다면, 당신은 좋거나 나쁜 모든 감정, 크거나 작은 모든 육체적 움직임, 즐겁거나 즐겁지 않은 감각(육체적 또는 정신적 느낌), 기타 등등에 대해서 주의깊게 관찰하면서 명상해야 한다는 것이다.

3. 더 나아간 수련

앞에서 설명한데로 열심히 수련해서 관찰과 집중이 증가되었을때 명상자는 대상과 그것을 아는 마음이 한쌍이 되어 일어나는것, 배가 나옴과 그것을 아는것, 배가 들어감과 그것을 아는것, 앉음과 그것을 아는것, 구부림과 그것을 아는것, 펴는것과 그것을 아는것, 내려놓음과 그것을 아는것을 주시할 수 있다.

집중과 관찰을 통하여 그는 육체적 정신적 과정을 각각 다르게 구별하는 방법을 안다. 배가 나오는 움직임은 하나의 육체적 과정이며 그것을 아는 것은 또 다른 정신적 과정이다. 수련자는 알고있다는 각각의 행위가 '대상을 향해감'의 성질을 갖고 있음을 깨닫는다. 즉 이러한 깨달음은 마음의 기능이 대상을 향하는 경향이 있거나 또는 대상을 인식하는 것을 의미한다.

여기서 우리는 물질적인 대상이 분명하게 인식됨에 따라 그것을 아는 정신적 기능이 더욱 선명해지는 것을 알아야 한다. 이러한 사실은 비수디마가(청정도론)에서 잘 설명하고 있다.

물질의 움직임이 매우 선명하고, 뚜렷하게 수련자에게 다가오는 것에 비례해서 그 물질을 대상으로 갖고 있는 비물질상태 또한 분명해진다.

명상자가 직접적인 경험을 통하여 정신적 과정과 그것의 대상인 물질적 과정 사이에서 그 차이성을 알게될때, 만약 그가 평범한 사람이라면 다음과 같이 반성할 것이다.

'배가 나옴과 그것을 아는 것이 있다. 배가 들어감과 그것을 아는 것이 있다. 그리고 이것이 계속 진행해 나간다. 이것들 외에는 아무것도 없다. '남자' 또는 '여자'란 말은 똑같은 과정을 의미한다. 여기에 '인격'이나 '영혼'은 없다.'

그런데 만약 그가 제대로 배운 사람이라면 다음과 같이 반성할 것이다. 사실은 단지 몸과 마음이 있을 뿐이다. 그것들 외에는 남자 또는 여자 같은 존재들은 없다. 명상하는 동안에 명상자는 대상으로서의 물질적 과정과 그것을 아는 정신적 과정을 주시한다. 흔히 말하는 '존재', '사람' 또는 '영혼', '남자' 또는 '여자'라는 용어는 바로 대상인 물질과 그것을 아는 정신의 한쌍을 의미한다. 이러한 두개의 과정을 제외하고 분리되어 있는 '사람', '존재', 또는 '남자 또는 여자'는 존재하지 않는다.

이러한 반성이 일어날때, 명상자는 '반성함, 반성함'을 주시해야 하고 다시 배가 나오고 들어가는 것을 계속 관찰해야 한다.

명상이 진전됨에 따라 수련자는 육체적 행위가 일어나기 전에 이미 그러한 행위를 일으키려는 정신적인 의도가 있음을 분명히 알게 된다. 그러면 명상자는 먼저 그러한 '의도'를 관찰해야 한다. 처음 수련을 시작할때 만약에 팔을 구부리려고 한다면, 구부리려는 의도를 주시해도 아직 그는 의식의 상태를 분명하게 관찰할 수는 없다.

하지만 이제 더 나아간 단계에서 수련자는 구부리려는 의도를 분명하게 주시할 수 있다. 따라서 먼저 몸은 움직이게 의도하는 정신적 상태를 주시한 다음에 특정한 육체적 움직임을 관찰한다.

수련을 처음 시작할때, 행위를 하고자 하는 의도를 주시하는 것을 생략했기 때문에, 수련자는 육체적 움직임이 그것을 의도하는 마음보다 더 빠르다고 생각한다.

그러나 이제 더 나아간 단계에서 의도하는 마음이 먼저 일어나는 것이 보인다. 명상자는 구부리고, 펴고, 앉고, 서고, 가는 등등의 행위를 의도하는 마음을 즉시 관찰할 수 있다. 그리고 구부리고 펴고, 서고, 앉는 등등의 행위의 실제적인 모습을 관찰할 수 있다.

그래서 수련자는 육체적인 과정을 아는 마음은 물질적인 과정보다 더 앞서서 존재한다는 사실을 깨닫게 된다. 그는 먼저 하고자 하는 의도가 일어난 다음에 육체적인 진행이 있음을 직접적으로 경험한다. 다시 그는 직접적인 경험을 통하여 '더움, 더움' 또는 '추움, 추움'을 주시하고 있는 동안 열이나 추위가 증가하는 것을 안다.

배가 나오고 들어가는 것과 같은 규칙적이고 자연적인 육체적 움직임을 명상할때 순서대로 계속해서 관찰한다.

또한 자신의 몸에서 일어나는 여러가지 감각(가려움, 아픔, 열 같은 것들)에 대해서 그 부분을 관찰함을 물론 부처님, 아라한 같은 환상이 일어나는 것을 주시한다.

하나의 감각이 사라지자마자 또다른 감각이 일어나면 일어나는 모든 대상을 관찰하는 동안에 안다는 정신적 기능이 대상에 의존함을 깨닫게 된다. (즉 대상이 있어야 그 대상에 대한 앎이 생기는 것이다.)

때때로 배가 나오고 들어가는 움직임이 매우 희미해서 주시할 것을 찾지 못할때가 있다. 그러면, 대상이 없이는 앎이란 것이 있을수 없다는 사실을 깨닫게 된다. 배가 나오고 들어가는 것을 관찰하는 것이 어렵게 되었을때 명상자는 '앉음'과 '접촉' 또는 '누움'과 '접촉'의 상태를 주시해야 한다.

주시의 상태는 번갈아 가면서 주시한다. 예를들면, '앉음'을 주시한 다음에 오른발에 접촉의 감각을 주시한다. 그리고 나서 다시 '앉음'을 주시한 다음, 왼발에 접촉의 감각을 주시한다.

똑같은 방법으로 그 밖의 다른 부분에서 접촉의 감각을 주시한다. 다시, '바라봄' '들음'을 주시하면서, 명상자는 이 눈과 시각적 대상의 접촉에서 '봄'이 일어나고, 귀와 소리의 접촉으로부터 '들음'이 일어나는 것을 분명히 알게 된다.

더 나아가, 그는 다음과 같이 반성한다.

'구부리고, 펴고하는 등등의 물질적 과정은 구부리고, 펴고, 기타 등등의 의도하려는 정신적 과정을 따른다.'

그는 계속 반성한다. '사람의 몸은 뜨겁거나 차가운 요소때문에 뜨겁거나 차가워진다. 몸은 음식과 영양분으로 존재한다. 의식은 주시할 대상이 있기 때문에 일어난다. 바라봄은 시각적 대상을 통하여 일어난다. 들음은 소리를 통하여, 그리고 눈, 귀 등의 감각기관과 그에 조건 지워진 요인들이 있기 때문에 의식이 일어난다. 무엇을 안다는 것은 그전의 경험으로부터 나온다. 물질적 과정과 정신적 과정은 이전의 조건에 의해서 발생하기 때문에 이 육체와 마음을 창조하는 자는 아무도 없다. 일어나는 모든 것은 단지 인연의 요인을 갖고 있을 뿐이다.'

이러한 반성은 명상자가 일어나는 모든 대상을 관찰하는 동안 명상자에게 일어난다. 그는 반성하는 시간을 갖기위하여 하던 일을 멈추지 않는다. 대상들이 일어남에 따라 그것을 주시하는 동안 이러한 반성들은 매우 빠르게 저절로 나타난다. 그러면 명상자는 '반성, 반성, 알고 있음, 알고 있음'을 주시해야 한다. 그리고 나서 다시 배가 나오고 들어가는 것을 계속 관찰해야 한다.

관찰되는 물질적 과정과 정신적 과정이 똑같은 성질의 이전의 과정에 의해서 조건지워진 것을 반성한 다음에, 명상자는 더나아가 이전에 존재했던 몸과 마음은 그에 앞선 원인에 의해서 조건지워졌고, 그뒤에 존재하는 몸과 마음은 똑같은 원인에 의해서 조건지워지고, 이러한 두개의 과정을 제외하고 분리된 '존재' '사람'은 없으며, 오로지 원인과 결과가 발생한다는 것을 반성한다. 이러한 반성 또한 관찰하여야 하며, 그리고 나서 다시 배가 나오고 들어가는 것을 계속 관찰한다. 이렇게 반성하는 것은 지적인 생각이 있는 사람의 경우가 많을 것이며, 평범한 사람의 경우는 적을 것이다. 그렇지만 수련자는 누구나 이렇게 반성하는 데 모든 주의를 기울여야 한다.

그런데 이러한 반성은 최소한으로 줄여야 하며, 그것의 지나

침으로 인해서 통찰의 과정이 방해받지 않도록 해야 한다. 따라서 여기서는 반성을 최소한으로 줄이는게 좋겠다. 마음을 집중하여 관찰할때 명상자는 가려움, 아픔, 열, 멍함, 뻣뻣함 같은 거의 참을 수 없는 느낌을 경험할 수 있다.

　만약에 주의깊게 관찰하는 것이 그치면, 그러한 느낌은 사라질 것이다. 그리고 다시 관찰을 시작하면 그것들은 다시 나타날 것이다. 그런데 그러한 느낌은 육체의 자연적인 감각의 결과로 일어나며, 질병의 증후가 아니다. 만약 그것들에 대해서 집중적으로 주시한다면 그것들은 점차적으로 사라진다. 다시 명상자는 환상이 마치 눈으로 직접 보는 것처럼 보일때가 있다. 예를들면, 부처님이 눈부신 빛을 발하면서 나타나거나 하늘에 승려들의 행렬이 있거나, 부처님의 사리탑 또는 불상, 사랑하는 사람들을 만남, 나무나 숲, 언덕이나 산, 정원, 빌딩, 죽은 시체 또는 해골을 보거나 몸을 솟아오르게 하거나 온몸이 피로 뒤범벅이 되거나, 몸이 부서져서 뼈만 남게 되거나, 내장, 중요한 신체기관, 심지어 세포를 보거나, 지옥과 천상에 사는 자들을 볼때가 있다.

　이것들은 단지 강한 집중에 의해서 영상화된 자신의 상상의 창조물일 뿐이다. 그것들은 우리가 꿈속에서 만나는 것과 같다. 그러므로 기뻐하거나 즐거워할 필요도 없고, 그렇다고 두려워할 필요도 없다.

　명상의 도중에 보이는 이러한 대상들은 실재가 아니다. 그것들은 단순한 상상이나 영상이다. 반면에 그 대상들을 보는 마음은 실재이다. 그러나 다섯가지 감각기관의 느낌과 연관되지 않은 순수한 정신적 과정을 자세하게 관찰하는 것은 매우 어려운 일이다. 그러므로 수련자는 쉽게 주시될 수 있는 대상들과 연관되어 일어나는 정신적 과정에 주의를 기울여야 한다.

따라서 어떠한 대상이 나타나든지 간에, 명상하는 그것을 주시해야하며, 그것이 사라질때까지 주의깊게 '바라봄, 바라봄'이라고 의식한다. 그러면 그것은 희미해지거나 사라진다. 처음 시작 할때는 5-10번 정도 반복해서 주시해야 할 것이다.

그러나 통찰이 발전됨에 따라 대상은 두번정도 주시하면 사라질것이다. 그렇지만 만약 명상자가 그 상태를 즐기거나, 자세하게 들여다 보기를 원하거나, 두려워하면 그것은 좀처럼 사라지지 않을 것이다. 그러므로 명상자의 집중이 좋은 상태 동안에는 외부적인 문제에 대해서 생각하거나 그것을 즐기려는 성향을 갖지 않도록 조심해야 한다.

만약 그러한 생각이 일어나면, 즉시 그런 생각들을 주시해서 떨쳐 버려야 한다. 어떤 사람들의 경우는 평상시대로 명상을 하는동안 이상한 대상이나 느낌을 경험하지 않고, 나태해지게 된다. 이때는 극복될때까지 '나태함, 나태함'하면서 계속 주시해야 한다.

이 단계에서 명상자가 놀라운 대상이나 느낌을 경험하든 경험하지 않든 그들은 관찰하는 모든 행위의 처음, 중간 그리고 끝을 분명히 안다. 처음 수련을 시작할때 수련자는 하나의 대상을 주시하는 동안, 이전의 대상의 사라짐을 분명히 주시하지 못한채 다른 대상이 일어나면 그곳에 주의를 돌려야 했다. 하지만 이 단계에서는 한 대상이 일어나는 것을 주시한다. 이와같이 그들은 주시하는 대상의 처음, 중간 그리고 끝을 명확히 관찰한다.

명상자가 더 수련이 된 상태에서는 대상이 갑자기 나타나고 순간적으로 사라지는 모든 움직임을 관찰할 수 있다. 그의 관찰은 매우 분명해서 다음과 같이 생각한다. '모든 것은 끝이 있다. 모든 것은 사라진다. 영원한 것은 아무것도 없다. 이것은 실로 영원하지 않다.'

그의 이러한 생각은 팔리 주석서의 설명과 일치한다. '모든 것은 영원하지 않다. 소멸한다는 면에서, 한번 존재한 것은 두번 다시 존재하지 않는다.'

그는 더나아가 다음과 같이 생각한다.

'우리는 어리석음을 통해서 삶을 즐긴다. 그러나 사실 즐길것은 아무것도 없다. 끊임없이 일어남과 사라짐이 있으며, 그것에 의하여 우리는 가끔식 괴롭힘을 받는다. 이것은 실로 두려운 것이다. 어느 순간에 든지 우리는 죽을수 있으며, 모든 것은 결국 다 죽게 되어 있다. 모든것이 무상하다는 사실은 정말로 두렵고 소름끼치는 것이다.'

그의 이러한 생각은 팔리 주석서와 일치한다. '무상한 것은 두렵다는 면에서 고통스럽다. 일어난 것은 반드시 사라진다는 사실 때문에 고통스럽다.'

다시 심각한 고통을 경험하면서 그는 다음과 같이 생각한다.

'모든 것은 고통스럽다. 모든 것은 유해하다.'

이러한 생각은 주석서가 말한 것과 일치한다.

'그는 고통을 가시나 종기나 침 같은 것으로 바라본다.'
그는 더 나아가 이렇게 생각한다.
'이 몸은 피할 수 없는 고통의 덩어리이다. 일어남과 사라짐이 있을뿐 조금도 쓸모가 없는 것이다. 우리는 이러한 과정을 멈출 수 없다. 이것은 우리의 능력밖에 있다.'

명상자는 이러한 모든 생각들을 주의깊게 관찰해야 하며, 그리고 나서 다시 배가 나오고 들어가는 움직임을 계속 관찰해야 한다.

이와같이 명상자는 직접적인 경험을 통하여 무상, 괴로움, 무아의 진리를 관찰하고, 아직 주시되지 않은 대상들 또한 단멸하고, 고통 당하기 쉽고 자아가 없다고 추론하여 이해한다. 그래서 직접 경험하지 않은 대상에 관해서 다음과 같이 결론 짓는다.

'그것들 또한 똑같은 과정으로 구성되어 있다. 즉 무상, 괴로움 그리고 자아가 없다.'

그러나 지적인 능력이 부족하여 반성하는데 주의를 기울지 못하고 단순히 사물을 주시하는 자의 경우에는 추론하여 이해하는 것이 명확하지 못하다. 이렇게 이해하는 것은 흔히 반성을 하는 성향이 있는 자에게 생기는데, 어떤 경우에는 관찰하는 모든 행위마다 일어날 수도 있다.

그렇지만 지나친 반성은 통찰을 하는데 장애가 될수있다. 비록 이 단계에서 그러한 반성이 일어나지 않는다해도, 삶에 대한 이해는 높은 단계에서 더욱 분명해지게 된다.

따라서 반성을 하는데 어떠한 주의도 기울여서는 안된다. 대상에 순수한 주의를 기울이고 있는 동안 만약 반성이 일어나면 명상자는 이 반성들을 주시하되 그것들에 머물러서는 안된다.

　무상, 괴로움, 무아의 세개의 이치를 이해한 다음에, 명상자는 더 이상 반성하지 않으며, 끊임없이 나타났다 사라지는 육체와 정신적 대상을 계속 주시한다.

　이렇게 해서 명상자는 일어남과 주시함이 차례대로 순식간에 사라지는 것을 분명히 알게 된다. 이러한 현상은 배의 줄어듬, 앉음, 팔이나 다리를 구부리고 폄, 사지가 굳어지는 것 등등의 경우에도 마찬가지이다.

　대상을 주시하는 것과 그것의 소멸을 아는것은 연속적으로 빠르게 일어난다. 어떤 명상자들은 이러한 과정을 세개로 구분하여 분명하게 인식한다. 대상을 주시함, 주시하는 행위의 멈춤, 그러한 멈춤을 알고 있는 의식의 사라짐—이러한 과정들은 빠른속도로 연속적으로 진행된다.

　그렇지만 대상의 소멸과 그 소멸을 주시하는 의식이 사라지는 한쌍의 과정을 알면 그것으로 충분하다. 명상자가 이 한쌍을 중단하지 않고 분명히 주시할 수 있을때, 몸, 머리, 손, 발 같은 특정한 모습은 더이상 그에게 뚜렷하지 않으며, 모든것은 소멸하고 사라진다는 생각이 일어난다.

　이 단계에서 그는 그의 명상이 목표에 도달하지 않았다고 느낄 가능성이 있다. 그러나 사실은 그렇지가 않다. 마음은 일반적으로 특정한 모양이나 형태의 모습에 머무르는 것을 즐거워한다. 그것들이 없기 때문에 마음은 만족감이 결여되어 있을 뿐이다. 사실 이것은 통찰이 발전된 증거이다. 처음 명상을 시작할 때는 형태들이 먼저 분명하게 주시되었지만 그러나 지금은 명상의 진전 때문에 먼저 그것들의 소멸이 주시된다.

반성(反省)을 반복할때 형태들이 다시 나타난다. 그러나 만약 그것들을 주시하지 않으면 소멸된 것들이 다시 나타나 계속 남을 것이다. 따라서 명상자는 직접적인 경험을 통하여 현명한 자들이 말하는 진리를 알게 된다.

'이름이나 명칭이 일어날때, 실재는 그 이면에 놓인다. 실재가 그 자체를 드러낼때, 이름 또는 명칭은 사라진다.'

명상자가 대상을 분명하게 주시할때, 그는 자신이 주시하는 것이 충분하지 않다고 생각한다. 사실 통찰은 매우 빠르고 분명하기 때문에 그는 인식하는 과정 사이에서 순간적인 잠재의식조차도 알게 된다.

그가 팔을 구부리거나 펴는 것과 같이 무엇을 하려고 의도할 때, 즉시 의도를 주시하면, 의도가 희미해지는 경향이 있는데 그 결과 당분간 구부리거나 펼 수 없다. 그렇게 되면, 그는 여섯개 감각중 하나에서 일어나는 것에 대하여 명상하는 것으로 주의를 전환해야 한다. 만약 명상자가 배가 나오고 들어가는 것에 대하여 관찰을 시작하면서 몸전체로 확대해 갈때 그는 곧 정신적인 힘을 얻을 것이다. 그러면 그는 하나 또는 다른 것이 일어남에 따라서 접촉과 앎 또는 봄과 앎 또는 들음과 앎 등을 계속해서 주시해야 한다.

그렇게 하는 동안 만약 불안하거나 피곤한 것을 느끼면 다시 배의 나오고 들어감을 관찰해야 한다. 잠시후에 정신적인 힘을 얻으면 다시 온몸에서 일어나는 모든 대상을 주시해야 한다.

그가 이렇게 전체적인 부분에 대해서 관찰을 잘하게 되었을 때, 비록 한 대상을 뚜렷하게 주시하지 않더라도 그는 듣는것과 보는 것들이 그들 사이에 연속성이 없이 각각 그 자체에 의해서 사라지는 것을 안다. 이것은 사물을 있는 그대로 보는 것이다. 어떤 명상자들은 사라짐이 매우 빨라서 그들은 자신들의 눈이 시력이 나빠지거나 또는 현기증이 난다고 느끼기 때문에 일어나는 것을 분명히 보지 않는 경우가 있다. 하지만 이것은 잘못된 생각이다. 단지 그들은 전과 후에 일어나는 것을 주시하는 인식의 능력이 부족하기 때문이다. 그결과 그들은 형태나 모양을 볼 수 없다. 이런 경우에는 명상을 완화시키고 중단해야 한다. 그러나 육체적 정신적 행위는 명상자에게 계속해서 나타나고, 의식은 그 자체에 의해서 저절로 그 행위들을 끊임없이 주시한다.

명상자는 잠을 잘 수도 있지만 잠에 빠지지는 않는다. 그리고 적당하게 깨어있는 상태로 남는다. 그러나 잠을 못자는 것을 걱정할 필요는 없다. 왜냐하면 이러한 이유 때문에 그는 불편을 느끼거나 아프지는 않기 때문이다. 명상자는 열정적으로 주시하면서 앞으로 계속 나가야 하며, 그의 마음이 그 대상들을 완전히 분명하게 인식할 수 있는 것을 느낄 것이다. 대상의 사라짐과 그것을 아는 행위를 끊임없이 주시하는데 전념할때 그는 다음과 같이 반성한다.

'심지어 눈을 깜빡거리거나 빛이 번쩍하는 순간에도 계속 존재하는 것은 없다. 인간은 이전에는 이것을 깨닫지 못했다. 이것은 과거에도 소멸되고 사라졌듯이 미래에도 소멸되고 사라질 것이다.'

이것을 '사라짐을 아는 것'이라고 한다. 명상자는 사라짐을 아는것에 대한 반성을 주의깊게 해야한다. 그는 다음과 같이 반성한다.

'인간은 진리를 모른채 삶을 즐긴다. 이제 그는 끊임없이 사라지는 진리를 알았다. 이것은 실로 두렵다. 사라짐의 모든 순간에 인간은 죽을수 있다. 이 삶의 시작 자체가 두렵다. 그래서 일어남의 끊임없는 반복이 있다.'

실재의 모양과 형태가 없는데서 일어나는 것이 실재처럼 보이는 것은 두려운 것이다. 그래서 번영과 행복을 위해서 변하는 현상을 붙잡으려 한다. 재탄생은 항상 소멸되고 사라지는 대상들의 순환이라는 점에서 두려운 것이다. 실로 늙음, 죽음, 비탄, 고통, 비참, 절망을 경험하는 것은 두렵다.

이렇게 반성하는 것을 주시하다보면 사라질 것이다. 그러면 명상자는 의지할 것이 아무것도 없음을 본다. 그리고 몸은 물론 마음이 나약해지게 된다. 그는 실의에 빠져서 더 이상 마음이 밝지 못하고 삶의 활력을 잃어버린다.

그러나 낙담해서는 안된다. 이러한 상태는 통찰의 진전되었다는 표시이다. 이것은 단지 두려움을 주시할때 느껴지는 불안한 감정에 불과하다. 명상자는 이렇게 반성하는 것을 주시해야하며, 대상이 일어나는데 따라 순서대로 계속 주시해나가면 이러한 불유쾌한 느낌은 곧 사라질 것이다.

그렇지만 만약 그가 당분간 주시하는데 실패하면 슬픔이 강하게 작용해서 두려움이 그를 압도할 것이다. 이러한 종류의 두려움은 통찰과는 관련이 없다. 그러므로 집중적인 관찰에 의해서 이러한 바람직하지 않은 두려움이 오는 것을 방지하도록 주의를 해야한다. 이것을 '두려움을 아는 것'이라고 한다. 다시 대상들을 주시하는 과정에서 그는 다음과 같이 나약한 마음을 일으킬 가능성이 있다.

'이 몸과 마음의 과정이 무상한 것은 만족스럽지 않다. 태어난 것은 좋은 일이 아니었다. 이 삶을 계속 하는것 또한 좋은 것은 아니다. 외관상으로 보이는 대상들이 사실은 실재가 아니라는 것을 보는 것은 괴로운 일이다. 태어나는 것은 바람직하지 않다. 늙음, 죽음, 비참, 고통, 슬픔, 절망은 두렵다.'

이렇게 반성하는 것 또한 반드시 주시해야 한다. 이것을 '비참함을 아는 것'이라고 한다. 그러면 명상자는 대상으로서의 몸과 마음, 그리고 그것을 주시하는 의식은 매우 유치하고 차원이 낮거나 가치가 없다고 느끼는 경향이 있다.

대상들의 일어남과 사라짐을 주시하면서 그는 그것들에 대해서 싫어하는 마음이 생긴다. 그리고 자신의 몸이 썩어가고 분해되는 것을 볼때 이것을 매우 덧없는 것으로 바라본다.

이 단계에서 명상자가 그의 몸과 마음에서 일어나는 모든 것을 주시하는 동안 그는 이것에 혐오감을 갖는다. 비록 그가 일련의 좋은 관찰에 의해서 그것들의 소멸을 분명하게 인식하지만,

더이상 민감하거나 밝게 알지는 못한다.

　이러한 명상은 혐오감과 연관되어 있다. 그래서 그는 명상하는데 게으르게 된다. 그러나 명상하는 것을 그만 두어서는 안된다.

　예를들면, 이것은 어떤 사람이 진흙탕이나 더러운 길을 걸어가야 할때, 모든 걸음마다 혐오감을 느끼면서도 걸어가는 것을 멈출수 없는 것과 같다. 그는 계속 가지 않을수 없다. 이때, 그는 인간계에 태어나는 것을 소멸해야만 하는 것으로 보고 이 다음에 인간, 남자 또는 여자, 왕 또는 대부호로 태어나는 것을 좋아하지 않는다. 그는 천상계에 대해서도 똑같은 느낌을 갖는다. 이것을 '혐오스러움을 아는것'이라고 한다. 이러한 앎을 통하여 그가 관찰하는 모든 형상에 혐오감을 느낄 때 이러한 형상들을 버리거나 그것들로부터 해방되고 싶은 욕망이 일어난다. 이것을 '해탈을 바라는 것을 앎'이라고 부른다.

　그는 바라봄, 들음, 만짐, 반성, 서있음, 앉음, 구부림, 폄, 주시, 관찰같은 모든 것을 제거하기를 원한다. 그는 이렇게 '원하는 것'을 주시해야 한다. 그리고 육체적, 정신적 행위로부터 해방되기를 바란다.

　그는 다음과 같이 반성한다.

　'내가 그것들을 주시할때마다 나는 나쁜것들을 반복하면서 만나고있다. 나는 차라리 그것들을 주시하는 것을 그만 두는게 낫겠다.'

　그는 이렇게 반성하는 것을 주시해야 한다. 어떤 명상자들은,

그렇게 반성할때 실제로 형상들을 주시하는 것을 멈춘다. 비록 그들이 주시하는 것을 멈추더라도 그 형상들이 일어나는 것은 멈추지 않는다. 즉 일어남, 사라짐, 구부림, 펼침, 의도함 등등은 계속 진행된다. 그것들은 영원히 진행한다. 특정한 대상들을 주시하는 것도 계속 진행된다. 그래서 이와같이 반성하면서 그는 즐거움을 느낀다. 비록 '내가 몸과 마음을 주시하는 것을 멈추었지만, 형상들은 항상 생겨난다. 또한 그것들을 의식하는 것은 그 자체에 의해서 그곳에 있다. 따라서 형상들로부터의 자유는 단순히 그것들에 대한 주시를 멈추는 것에 의하여 얻어질 수 없다. 형상들은 이러한 방법으로 단념될 수 없다.

그것들을 평상시대로 주시할때 삶의 세개의 특성(무상, 괴로움, 무아)은 완전히 이해될 것이며, 형상들에 대해서 어떠한 주의도 기울이지 않을 때, 평정이 얻어질 것이다. 즉 이러한 형상들의 끝, 니르바나가 실현될 것이다. 그리고 평화와 기쁨이 올 것이다.'

따라서 즐겁게 반성하면서 그는 그 형상들을 주시하는 것을 계속해 나간다. 이러한 방법으로 반성할 수 없는 명상자의 경우에는 일단 자신의 스승의 설명에 만족하게 되면 명상을 계속해 나간다.

명상을 계속하다 보면 잠시후에 새로운 자극을 받게되는데 그 때는 대개가 여러가지 고통스러운 느낌들이 일어난다. 그러나 여기에서 절망할 필요는 없다.

이것은 주석서에서 설명한 것 같이 — '다섯모임(오온)을 고통

스러운것, 병든것, 종기, (곤충의) 침, 재난, 불행과 같이 보라'-
단지 이러한 고통의 덩어리에 내재한 것이 드러나는 것뿐이다.
만약 이러한 고통스러운 느낌을 경험하지 않으면 무상, 괴로움,
무아의 40개의 특성중 하나가 주시하는 순간마다 분명히 나타
날 것이다.[7]

　비록 명상자가 적절하게 주시하면서도 자기 자신은 잘하고 있
지 않다고 느낀다. 그는 주시하는 의식과 주시되는 대상이 제대
로 일치되고 있지 않다고 생각한다. 이것은 그가 아직 세개의 특
성의 본질을 완전히 이해하지 못했기 때문이다.

　명상자는 명상에 만족하지 않으면 자세를 자주 바꾼다. 앉아
있는 동안 걷는 것이 더 좋은 것이라고 생각한다. 걷고있는 동안
그는 다시 앉기를 원한다. 자리에 앉은 다음에는 다시 앉는 자세
를 바꾼다.

　그는 다른 장소를 가기를 원한다. 그는 눕기를 바란다. 비록
그가 이렇게 자세를 자주 바꾸더라도, 어느 특정한 자세로 오랫
동안 계속 유지할 수는 없다.

　다시 그는 초조해진다. 그러나 절망해서는 안된다. 이러한 모
든 것은 그가 형상들의 진실한 본성을 깨닫게 되었기 때문에 일
어난다. 그리고 아직 형상들에 대한 평정지(平定智)를 얻지 못
했기 때문이다.

　그는 지금 잘하고 있는데도 이와 다르게 느끼고 있다. 이런 경

---

7) 40개의 특성은 무상의 10개, 괴로움의 25개, 무아의 5개를 합한 것이다.

우에 한가지 자세에 머물도록 노력해야 한다. 그러면 그 자세에서 편안한 것을 발견할 것이다.

형상들에 대해서 강하게 계속 주시하면서 그의 마음은 점차 침착하고 밝게 된다. 마침내 초조한 느낌들은 완전히 사라질 것이다. 이것을 재관찰지(再觀察智)라고 한다.

형상들에 대한 평정지(平定智)가 무르익었을때 마음은 매우 분명해지고 형상들을 매우 선명하게 주시할 수 있다. 주시하는 것이 마치 아무런 노력이 요구되지 않는 것처럼 평온하게 진행된다. 미세한 형상들 또한 특별히 주의를 기울이지 않고 관찰된다. 무상, 괴로움, 무아의 본질이 어떠한 반성도 없이 분명하게 된다. 감각이 일어나는 몸의 어느 특정한 부위에도 주의를 집중시킬 수 있다. 그러나 접촉의 느낌은 솜의 촉감처럼 매우 부드럽다.

때때로, 몸전체에서 주시해야 할 대상들이 너무 많아서 주시를 촉진시켜야 할 때가 있다. 몸과 마음이 위로 끌어 당겨지는 것이 나타난다. 주시되는 대상들의 숫자가 희박해지면서 명상자는 그것들을 쉽고 평온하게 주시할 수 있다. 때때로 육체적 형상들이 단지 정신적 형상들만을 남기고 모두 사라진다.

그러면 명상자는 그 자신의 내부에서 마치 이슬비가 내리는 것을 주시는 것처럼 황홀한 느낌을 경험한다. 그리고 평온함이 가득찬다. 그는 또한 맑은 하늘같은 맑음을 볼 수 있다. 그렇지만 이러한 경험들이 그에게 지나치게 영향을 주지는 않는다. 그는 이제 기쁨이 넘치지는 않았지만 여전히 그것들을 즐긴다.

그는 이러한 즐거움을 주시해야 한다. 또한 황홀, 평온 그리고 밝은 빛을 주시해야 한다. 만약 계속 주시해도 사라지지 않으면 그것들에 대해서 귀를 기울여서는 안되며 다른 대상이 일어나면 그곳에 주시를 해야한다.

이 단계에서 그에게 나, 나의 것, 당신, 당신의것이란 것은 존재하지 않으며, 오로지 형상들이 일어나는 것을 아는것에 만족하게 된다. 오로지 형상들이 형상들을 인식한다. 그는 또한 그 대상들을 순서대로 주시하는 것을 피곤해 하지 않는다. 또한 그것들을 오랫동안 주시하는 것에 싫증이 나지 않는다. 이제 그는 고통스러운 느낌으로부터 자유롭다. 그래서 어떠한 자세든지 선택할 수 있고, 그것을 오랫동안 지속할 수 있다. 앉거나 눕거나 할때 어떠한 불편함이나 피곤함도 느끼지 않게 시간을 보내면서 2~3시간 동안 명상을 계속해 갈 수 있다.

잠깐동안 명상을 하려고 했는데도 2~3시간을 계속해나갈 수 있다. 심지어 2~3시간 이후에도 그의 자세는 전과 같이 견고하다.

때때로 형상들이 빠르게 일어나고 그는 그것들을 잘 주시한다. 그때 그는 자신에게 무엇이 일어날 것인가에 대해서 불안할 수가 있다. 그러면 이러한 불안을 주시해야 한다. 그리고 자신이 잘하고 있다고 느낀다. 이러한 느낌 또한 주시해야 한다. 그는 통찰의 진전을 기대하고 있다. 이것도 마찬가지로 주시해야 한다.

그는 일어나는 모든 것에 대해서 끊임없이 주시해야 한다. 특별한 노력이나, 긴장을 풀어서도 안된다. 어떤 경우에 불안, 기쁨, 집착 또는 기대 때문에 주시하는 것이 나태해지고 퇴보될때가 있다.

어떤 사람은 목표가 가까이 있다고 생각해서 매우 열정적으로 명상을 한다. 그렇게 하는동안, 주시하는 것이 이완되고 퇴보하기 시작한다. 이것은 초조한 마음이 형상에 대해서 적절하게 집중할 수 없기 때문에 일어나는 것이다. 따라서 주시가 잘 진행되고 있을때 명상자는 꾸준히 계속 나가야 한다. 이것은 그가 이완되거나 특별한 노력을 기울여도 안된다는 것을 의미한다.

만약 그가 꾸준히 해나가면 그는 머지 않아서 모든 형상들의 본질을 통찰하고 니르바나를 얻을 것이다. 어떤 명상자의 경우에는 이러한 단계에서 더높은 경지로 올라가서 다시 여러번 떨어질수도 있다.

그러나 절망에 빠져서는 안되며, 그대신에 결심을 단단히 하고 이겨내야 한다. 또한 여섯개의 감각기관에서 일어나는 모든 것들에 대해 관찰하는 것에 주의를 기울여야 한다. 그러나 주시가 평온하고 고요하게 진행되지 않을때, 이렇게 전체적으로 명상하는 것은 불가능하다.

따라서 전체적으로 주시하는 것은 평온하고 고요해질때까지 명상하면서 얻은 정신적인 힘을 갖고 시작해야 한다.

만약 명상자가 배가 나오고 들어가는 것 또는 다른 육체적, 정신적 대상을 가지고 시작할 때 그는 힘을 얻고 있음을 알게 될 것이다. 그리고 나서 주시는 그 자체에 의해서 평온하고 고요하게 진행 될 것이다. 그리고 그는 형상의 소멸과 사라짐을 쉬우면서도 분명하게 볼 수 있을 것이다. 여기에서 그의 마음은 모든 번뇌로부터 완전히 자유롭게 된다. 아무리 즐겁고 유혹적인 대상일지라도, 그에게는 더이상 그렇지 않으며, 또한 아무리 혐오감을 느끼는 대상일지라도 그에게는 더이상 그렇지가 않다.

그는 단순히 보고, 듣고, 냄새맡고, 맛보고, 촉감을 느끼거나 인식한다. 경전에 설명된 여섯가지 평정한 마음으로 모든 형상들을 주시한다. 그는 명상에 몰입하는 동안 시간이 얼마나 지났는지도 모른다. 또한 다른것을 반성하지도 않는다. 그러나 만약 그가 두세시간 안에 '길(道)—과(果)의 앎'을 얻는 통찰을 충분히 발전시키지 않으면 집중이 느슨해지고 반성하기 시작한다.

이와 반대로, 만약 그가 좋은 진전을 보이면 더 나은 발전을 기대할 지도 모른다. 그래서 그는 자신이 경험하게 될 결과에 대해서 매우 기뻐할 것이다. 그러면 그는 그것을 주의깊게 주시하면서 그러한 기대나 반성하는 것을 떨쳐 버려야 한다.

꾸준히 명상하고 있으면 다시 원활하게 발전될 것이다. 그러나 만약 통찰력이 아직 충분히 이루어지지 않았으면 집중은 다시 느슨해 질 것이다. 이러한 방법으로, 어떤 명상자들은 높은 단계로 올라갔다가 다시 여러번 떨어진다. 통찰의 단계에 이론적으로 알고 있는자는 이러한 오르내림을 겪는다. 그러므로 스승의 지도 아래서 명상을 하는 제자가 명상을 배우기전에 이러한 단계들에 대해서 알고있는 것은 좋은 것이 못된다.

그러나 여기서는 경험이 있는 스승의 지도없이 수행을 해야만

하는 사람들을 위해서 이러한 과정들을 소개하였다. 명상자는 명상하는 과정에서 그러한 굴곡에도 불구하고 낙담하거나 절망해서는 안된다.

　말하자면, 그는 지금 성인의 단계의 성취(果)를 얻는 문턱에 와 있다. 신념, 정진, 관찰, 집중, 지혜의 다섯가지 기능이 적절하게 발전되는 순간 그는 곧 성인의 단계에 닿을 것이며 니르바나를 얻을 것이다.

4. 니르바나로 가는 길

앞에서 언급한 것에서 통찰지(洞察智)의 오르내림이 생기는 것은 항해하는 배에서 새를 놓아두는 것에 비유될 수 있다.

옛날에는 항해하는 배의 선장이 배가 육지에 닿고 있는지 알기 위하여 그가 기르던 새를 풀어 놓았다. 그러면 새는 육지를 찾아서 사방으로 날아간다. 육지를 발견할 수 없으면 새는 다시 배로 되돌아 온다. 통찰지가 '길(道)—과(果)'를 거쳐서 니르바나를 얻을 정도로 충분히 성숙되지 않는 한, 새가 다시 배로 되돌아오는 것처럼 통찰지는 이완되고 퇴보한다.

새가 육지를 보았을때, 그 새는 배로 되돌아오지 않고 그 방향으로 날아간다. 마찬가지로, 통찰지가 예민하고 강하고 명료하게 성숙하였을 때, 명상자는 여섯개의 감각기관중 하나에서 형상들 중의 하나를 무상 또는 괴로움 또는 무아로 이해할 것이다.

이해속에서 높은 수준의 명료함과 강력함을 갖고 세계의 특성 중 어느 하나를 주시하는 행위는 더욱 빨라지고 연속적으로 세, 네번 뚜렷하게 나타난다. 이러한 일련의 가속화된 주시의 마지막 의식이 끝난 직후에 길(道)—과(果)가 일어나며 니르바나가 실현되며 모든 형상들의 소멸이 있다. 이제 주시의 행위는 깨달음의 바로전에서 조금전 단계보다 훨씬 분명해진다. 마지막 주시의 행위의 이후에, 형상들의 소멸과 니르바나의 실현은 분명해진다.

다음은 니르바나를 얻는 자들이 하는 말이다.

'주시하는 대상과 그것을 주시하는 의식은 모두 멈춘다. 또는 대상과 그것을 주시하는 행위는 덩쿨이 칼에 의해 잘리듯이 잘린다. 또는 그 대상과 주시하는 것이 마치 사람이 무거운 짐에서 벗어나듯이 떨어져 나간다. 또는 그 대상과 그것을 주시하는 행위는 마치 감옥에서 나온 것처럼 갑자기 자유로와진다. 또는 대상과 주시하는 행위가 갑자기 빛으로 대치 되듯이 사라진다. 그것들은 마치 분쟁에 휘말린 것에서 벗어나듯이 자유롭다. 또는 그것들은 물속에서 처럼 가라 앉거나, 또는 그것들은 모두 소멸된다. 그렇지만 형상들이 멈추는 기간은 오래가지 않는다. 이것은 매우 짧아서 단지 주시하는 순간만 지속된다.'

그러면 명상자는 일어난 것을 다시 바라본다. 그는 주시되는 물질적 과정의 소멸과 그것들을 주시하는 정신적 과정은 '길(道)—과(果)—니르바나'의 실현임을 안다.

잘 훈련된 사람은 형상들의 소멸이 니르바나이며, 소멸과 기쁨의 실현, 길(道)—과(果) 임을 안다. 그들은 마음속으로 말할 것이다.

'나는 지금 성인의 경지에 들어서서 예류과의 길(道)·과(果)를 얻었다.'

이렇게 분명히 아는것은 경전을 공부하거나 이 주제에 대해서 배운자에게는 당연하다.
어떤 명상자들은 이미 버린 번뇌와 아직 남아있는 번뇌에 대해서 반성한다. 다시 반성한 후, 그들은 여전히 육체적, 정신적 과정을 주시하는 수련을 계속해나간다.

그렇게하는 동안, 육체적, 정신적 과정은 조악(粗惡)하게 나타난다. 명상자에게 일어나고 사라지는 과정이 모두 분명하게 나타난다. 그리고 이제 명상자는 마치 그의 주시가 이완되고 퇴보된 것처럼 느낀다. 사실 그는 '일어나는 것과 사라지는 것을 앎'으로 되돌아왔다. 그의 주시가 이완되고 퇴보된 것은 사실이다. 그가 이 단계로 되돌아왔기 때문에 그는 밝은 빛이나 대상들의 형태를 볼 가능성이 있다.

어떤 경우에 이러한 전환은 불균형적인 명상을 야기시켜서 그 결과 주시되는 대상과 주시하는 행위가 함께 이루어지지 않는다. 어떤 명상자는 잠시동안 사소한 고통을 경험하기도 한다. 잠시후에 명상자는 자신의 정신적 과정이 분명하고 밝은 것을 주시하게 된다.

이 단계에서, 명상자는 그의 마음이 어떠한 장애로 부터도 절대적으로 자유로운 것을 느낀다. 그리고 방해를 받지 않고 행복하게 느낀다.

이러한 마음상태에서 그는 정신적 과정을 주시할 수 없으며,

비록 주시한다 해도 뚜렷하게 주시할 수 없다. 그는 또한 다른 어떤 것도 생각할 수 없다.

그는 단순히 밝고 기쁜것을 느낀다. 이러한 느낌이 시들어 갈 때 그는 육체적, 정신적 과정을 다시 주시할 수 있으며, 그것들의 일어남과 사라짐을 분명히 안다. 잠시후에 그는 형상들을 평온하고 조용하게 주시할 수 있는 단계에 이른다. 그때 만약 통찰자가 성숙되었으면 그는 다시 '형상의 소멸의 앎'을 얻을 수 있다.

만약 집중력이 예민하고 확고하면, 그러한 앎(智)은 저절로 수차례 반복할 수 있다. 이때 명상자의 목적은 첫째 길의 '길(道)—과(果)의 앎(智)'을 얻는 것이며, 그 앎(智)을 반복해서 다시 얻는다.

지금까지 명상의 방법, 통찰자의 발달 단계, 예류과의 실현을 설명하였다. '길(道)—과(果)의 앎(智)'을 얻는 자는 그의 기질과 정신적 성향이 뚜렷하게 바뀐것을 알게되며, 그의 인생이 변한것을 느낀다.

불, 법, 승, 삼보(三寶)에 대한 그의 진실한 믿음 또는 신앙은 매우 강하고 확고하게 된다. 신념이 강해짐으로 인해서 또한 몰입과 평온을 얻는다.

그의 내부에서 저절로 행복이 솟아 오른다. 이러한 황홀한 경험 때문에 비록 길(道)—과(果)를 얻은 다음에 올바르게 노력하여도 대상들을 분명한 태도로 주시할 수 없다. 그렇지만 이러한 경험은 몇시간 또는 며칠후에 점차 시들어가며, 다시 형상들은 분명히 주시할 수 있다.

어떤 경우에, 길(道)―과(果)를 얻은 명상자는 무거운 짐으로부터 해방감을 느끼며, 자유롭고 편하며, 명상을 계속하는 것을 원하지 않을 때가 있다. 그들의 목적인 길(道)―과(果)의 얻음이 성취되고, 그들의 마음은 만족한 기분으로 가득찬다.

성취의 앎 : phala(果) - nana(智)

만약 길(道)―과(果)를 얻은자가 성취의 앎(果智)를 다시한번 얻기를 바라면, 그 목표에 마음을 두어서 다시 주의깊게 육체적, 정신적 과정을 주시해야 한다.

통찰 명상의 과정에서 평범한 사람에게는 육체와 마음의 분석적인 앎이 먼저 나타나고, 성스러운 자에게는 일어나고 사라짐의 앎이 먼저 나타나게 되어있다. 따라서 이 단계에서 육체적, 정신적 과정을 의식하는 명상자는 즉시 '일어나고 사라짐의 앎'을 얻은 것이며, 곧 통찰의 다른 발전적인 단계를 거쳐서 '형상들에 대한 평정한 앎'까지 따라 올라갈 것이다.

이 앎이 무르익었을 때 성취의 앎(果智)에 이른다. 이 앎은 이전에 그것의 지속기간을 결정하지 않은 자에게는 잠시만 유지된다. 그러나 때때로 좀 더 오래 유지될 수 있다. 그러나 이전에 그것의 지속기간을 결정한 자의 경우 성취의 앎(果智)는 더 오래 유지되며, 주석서에서 설명한 바에 의하면 하루 또는 낮동안 또는 그가 결정한 시간만큼 지속된다. 마찬가지로 집중과 통찰에 몰입한 경우에 과(果)는 한 시간, 두시간, 세시간 또는 그이상으로 지속된다. 여기서 성취의 앎(果智)는 오로지 명상자가 그것을 그치기를 바랄때만 끝난다.

그럼에도 불구하고 성취의 앎(果智)이 한시간 또는 두시간 동안 유지되면서 반성하는 순간이 때때로 일어난다. 그러나 그것들은 네번 또는 다섯번 주시한후에 사라지며 성취의 앎(果智)은 다시 일어난다. 어떤 경우에 성취의 앎(果智)은 아무런 중단도 없이 몇시간 동안 계속 유지된다.

이것이 유지되는 동안 의식은 니르바나로 알려지고 있는 대상들의 소멸에 완전히 놓여있게 된다.

니르바나는 육체적 정신적 과정과 모든 세속적인 관념으로부터 완전히 해방된 다르마(法)이다. 따라서 성취의 앎(果智)를 경험하는 동안에는 자신의 육체적, 정신적 과정과 이 세계 또는 다른 어떤 세속적인 영역에 대한 의식은 일어나지 않는다. 명상자는 모든 세속적인 영역으로부터 완전히 자유롭다. 명상자는 모든 세속적인 앎과 집착으로부터 완전히 자유롭다. 그의 주위에서 보고, 듣고, 냄새맡고, 만지는 모든 대상들이 있지만, 그는 그것들을 조금도 의식하지 않는다.

그의 자세는 견고하다. 만약 그가 앉아있는 동안에 성취의 앎(果智)의 기쁨이 일어나면, 그는 구부리거나 처지지 않고 이전과 마찬가지로 확고한 자세를 계속 유지한다.

그렇지만 성취의 앎(果智)의 과정이 끝날때 그에게 한번 형상의 소멸 또는 보고, 듣는 등등의 대상들과 연관된 사고의 깨어있음이 일어난다. 그러면 정상적인 명상으로 되돌아오거나, 느낌 또는 반성이 되살아난다. 처음에 대상들은 그에게 드문드문 나타나며, 이러한 대상들을 주시하는 것 또한 집중적으로 이루어지지 않는다. 그러나 통찰력이 강한 자들은 평상시와 마찬가지로 평온하게 명상을 계속한다.

그런데 여기서 한가지 주의를 요하는 것이 있다. 명상자는 먼저 성취의 앎(果智)에 들어가는 속도와 그것을 지속시키는 것에 대해서 결정을 해야한다. 그는 일단 정신적 신체적 움직임을 주시하기 시작하면 통찰이 성숙되기전에는 대상들을 주시하고 있는 동안에 '소름끼침, 하품, 떨림, 눈물 그리고 명상의 활력이 없는 것'을 경험할 수 있다. 대상들을 주시하는 행위가 활력을 얻어감에 따라 목표를 기대한 나머지 집중을 느슨하게 할지도 모른다. 그러나 그는 명상 이외에 어느것도 생각해서도 안되며 만약 무의식적으로 다른 생각들을 할 경우에는 그러한 생각들을 주시해야 한다.

어떤 이들은 주시하는 동안에 몇번의 집중력을 잃어버린 다음에야 성취의 앎(果智)을 얻는다. 만약 집중이 약하면, 성취의 앎(果智)으로 들어가는 것은 느리고, 성취의 앎(果智)이 생기더라도 이것은 오래가지 않는다. 지금까지 설명한 것이 성취의 앎(果智)에 대한 내용이었다.

재관찰

어떤 명상자들은 두려움, 비참함, 혐오감, 해탈의 욕망에 대한 앎의 단계를 통과했기 때문에 그결과 그것들에 대한 명확한 견해를 갖고있지 않는 경우가 있다. 그래서 그러한 앎에 대해서 재관찰을 하려면 한정된 시간동안 그것들 각각을 다시 보아야 한다.

예를들면 한시간 반 또는 반시간 동안 그는 오로지 '일어나고 사라짐의 앎'을 재관찰하기 위하여 대상들의 일어나고 사라지는 것에 주의를 기울여야 한다. 그 기간동안 '일어나고 사라짐의 앎'은 온전하게 지속되며 통찰은 더 이상의 진전이 없을 것이다. 그렇지만 그 기간이 끝났을 때, '소멸의 앎'은 저절로 일어난다. 만약 그것이 스스로 일어나지 않으면 그때는 '소멸의 앎'을 어느 기간동안 유지하겠다고 결정을 해서 소멸에 주의를 기울여야 한다.

그 기간동안 결정된 것은 생겨날 것이다. 정해진 시간이 다했을때, 그 다음의 더 높은 앎은 저절로 일어날 것이다.

만약 그렇지 않다면, 그는 두려운 대상과 연관된 '두려움의 앎'을 기대해야 한다. 그러면 '두려움의 앎'은 두려운 대상들과 함께 생길 것이다. 그러면 그는 비참한 대상들에 주의를 돌려야 하며, '비참함의 앎'은 곧바로 일어날 것이다.

마음이 혐오스러운 대상에 향했을때 '혐오감의 앎'이 일어날 것이다. 주시하는 모든 대상이 혐오스러우면서, '혐오감의 앎'이 일어날 것이다.

그 다음 단계는 '해탈에 대한 바램의 앎'을 생각해야 한다. 대상들로부터 벗어나려는 강한 욕구에 사로잡혀서 그는 이와 연관된 앎을 열망해야 하며, 조금 노력을 기울인후에 곧 그 앎이 올 것이다.

명상자가 그 다음의 더 높은 단계를 향하여 마음을 기울일때 그는 고통을 느낄 것이며, 자세를 바꾸기를 바라며, 불만족한 느낌에 의해서 방해를 받게 되지만 재관찰의 앎을 얻을 것이다. 그러면 명상자는 그의 마음을 '평정의 앎'으로 돌려야 할 것이다. 명상의 추진력은 '재관찰의 앎'이 평온하게 일어날때까지 계속될 것이다.

이러한 방법으로 명상자가 정해진 시간을 주시하는 동안 그가 열망하는 특정한 앎이 일어나고, 그것이 다하면 더 높은 앎이 마치 바로미터가 일어나는 것처럼 저절로 일어난다.

만약 위에서 언급된 '앎에 대한 재관찰'이 아직 만족스럽지 못하면 만족될때까지 반복해야 한다. 매우 열정적인 명상자에게 그 진전은 매우 빨라서 그는 잠깐동안에 성취의 앎(果智)의 단계는 물론 '형상에 대한 평정의 앎(平定智)'의 단계에 이를수도 있다.

숙련된 명상자는 걷거나 식사를 하는 동안에도 성취의 앎(果智)을 얻을 수 있다.

더 높은 길(道)은 어떻게 얻는가?

명상자가 첫째길의 성취의 앎(果智)을 속히 얻고 또한 그것들을 오랫동안 지키기 위해서는 더 높은 길을 얻도록 정진해야 한다. 그러면 그는 정진하는 한정된 기간을 결정해서 다음과 같은 태도로 진지하게 바래야 한다.

이 기간동안 나는 성취의 앎(果智)을 바라지 않는다. 성취의 앎(果智)이 다시 일어나지 않았으면! 아직 얻지못한 더 높은길을 얻었으면! 그 목표에 이르렀으면!

이러한 진지한 바램으로 그는 평상시대로 육체적, 정신적 과정을 주시해야 한다.

한정된 시간을 결정하는것이 유리한 점은 만약 그가 바란다면 이미 얻은 길의 성취의 앎(果智)을 다시 쉽게 얻을 수 있다는 것이다.

만약 제한된 시간을 정하지 않고 더 높은 길을 얻기 위하여 계속 정진해나갈때, 그가 다시 더 낮은 길의 성취의 앎(果智)을 얻을 가능성은 더 이상 없다.

이 경우에 만약 그가 더 높은 길을 얻을 수 없고 또한 더 낮은 길의 성취의 앎(果智)으로 되돌아갈 수 없음을 알게되면, 실망해서 좌절할 것이다.

이미 얻은 성취의 앎(果智)을 다시 얻기를 바라는 것을 포기한 상태에서 통찰이 성숙하면, 그는 더 높은 길을 얻을 수 있다. 만약 그 바램이 완전히 포기되지 않으면 이전의 성취의 앎은 다시 나타날 것이다.

명상자가 더 높은 길을 얻을 목적으로 명상을 시작할때, 통찰은 '일어나고 사라짐의 앎(生滅智)'과 함께 발전할 것이다. 이때 통찰의 진전은 명상자가 성취의 앎이 다시 일어나는 것을 위해 노력하는 동안의 것과 같지 않으며, 더 낮은 길을 위해서 명상을 수련할 때의 진전과 같은 것이다.

'일어나고 사라짐 앎'의 초기 단계에는 밝은빛 또는 형상들이 나타날 수 있다. 그리고 명상자는 고통을 경험할 수 있거나 또는 육체와 신체적 과정의 일어남과 사라짐이 뚜렷하게 보인다.

명상자가 성취의 앎이 다시 생기는 것을 명상하는 동안 '대상들에 대한 평정한 앎'을 다시 얻는 것은 오래 걸리지는 않지만, 지금 만약 통찰이 성숙되지 않았으면, 명상자는 더 낮은 앎의 단계를 오랫동안 유지해야 한다. 그렇지만 명상자가 더 낮은 단계를 명상하고 있는경우 명상자는 어떠한 어려움에도 직면하지 않을 것이다.

그는 하루사이에도 하나의 앎에서 다른 앎으로 가면서 '형상들에 대한 평정한 앎'까지 얻을 수 있다. 앎의 정신적 과정은 훨씬 분명하게 뚜렷하고 두드러진다.

그가 겪는 두려움, 비참함, 혐오, 세속적인 세계의 고통으로부터 해방되려는 바램은 훨씬 민감해진다.

전에는 비록 성취의 앎을 얻는데 한 시간에 네번이나 다섯번이 가능했더라도 지금 만약 아직 통찰이 더 높은 길을 얻는데 성숙하지 않으면 '형상들에 대한 평정한 앎'을 계속해나가야 한다.

어쩌면 이것은 하루에서 반달 또는 일년간 지속될 수 있다. 통찰이 성숙했을 때 대상들의 명확한 주시가 나타나고, 형상들의 소멸이 더 높은 '길과 성취'의 얻음과 함께 온다.

그러면 그에게 '재관찰의 앎'이 다시 올 것이다. 그는 나중에 매우 명료한 정신적 과정으로 '일어남과 사라짐의 앎'의 단계에 다시 돌아올 것이다. 이것이 일래자(一來者)의 얻음으로 이끄는 통찰의 발전 과정을 설명하는 것이다. 다시 만약 그가 세번째 길, 불환도(不還道)를 얻으려고 바란다면, 다시 한정된 기간을 정해서 이 기간동안 이전의 길의 '성취의 앎'으로 되돌아 오려는 욕망을 완전히 단념해야 한다.

그러면 그는 다음과 같이 결심한다.

'오로지 더 높은 길과 연관된 통찰의 진전이 오기를 바란다. 더 높은 '길과 성취'를 얻기를 바란다'

그리고 그는 다시 평상시 대로 몸과 마음의 명상을 시작해야 한다. 먼저 '일어남과 사라짐의 앎'으로 시작하면서 곧 차례대로 더 높은 단계를 얻어서 '형상에 대한 평정의 앎'까지 이른다.

만약 통찰이 아직 성숙되지 않으면, 그 앎은 계속 유지될 것이다.

통찰이 성숙했을때, 이것은 형상의 소멸에 이를 것이며, 그리고 이것으로 세번째의 '길과 성취의 앎'이 있게 된다. 이것이 세번째 길과 성취의 얻음, 즉 불환자에 대한 설명이다.

명상자가 네번째 그리고 마지막 '길과 성취', '성인 (아라한의 길과 성취)의 길과 성취'를 바랄때는 일정한 기간을 정해서 세번째 '길과 성취의 앎'을 다시 얻으려는 모든 생각을 버려야 한다. 그리고 나서 그는 육체적, 정신적 과정에 대해서 평상시대로 명상을 시작해야 한다.

염처경에서 설명한 것에 따르면 이것이 유일한 방법이다.

'일어남과 사라짐의 앎'에서 시작해서 곧 '형상에 대한 평정의 앎'이 얻어질 것이다.

아직 통찰이 성숙되지 않았을 때는 시간이 오래 걸릴 것이다. 통찰이 성숙되었을 때 명상자는 마지막 아라한 길의 실현으로 형상의 소멸을 얻을 것이다. 앞의 설명에서 통찰이 진전되서 결국에는 '길과 성취의 앎'이 실현된다는 말은 오로지 바라밀(완전함. 최고)[8]이 충분히 성숙된 자를 의미한다. 아직 바라밀을 완전히 발전시키지 못한 자는 '형상에 대한 평정의 앎'에서 멈출 것이다.

여기서 중요한 것은 비록 첫째 길을 얻은자는 비교적 쉽게 곧 둘째 길을 얻을 가능성이 있지만 세번째 길에 이르는 것은 오랜 시간이 걸린다는 것을 알게 될 것이다. 그 이유는 첫째 길과 둘째 길을 얻은 자는 계율을 잘 닦았기 때문이다. 다시 말해서 그들은 전형적인 지계(持戒)자들이다. 세번째 길을 얻은 자는 집중(삼매)이 완전히 발전된 자이다. 따라서 그는 세번째 길을 쉽게 얻을 수 없기 때문에 집중을 발전시키기 위해 열심히 정진해야 한다.

그렇지만 최상의 노력을 기울이지 않고는 아무도 그가 이 길 또는 다른 길을 얻을 수 있는지에 대해서 알수 없다.

---

8) 바라밀은 완성에의 길, 피안으로 가는 길을 뜻하는데 이러한 바라밀에는 여섯가지가 있다.
즉 보시(布施), 지계(持戒), 인욕(忍辱), 정진(精進), 선정(禪定), 지혜(智慧)이다.

어떤 경우에 길의 얻음은 오로지 오랜 시간이 지난 다음에 오며, 또한 그렇게 오랫동안 정진해야 하기 때문에, 지금 바라밀을 완전히 발전시키지 못했다고 생각해서 실망할 필요는 없다.

다시 현재의 노력이 바리밀의 완전함으로 이끌것이며 더욱더 성숙되어 갈 것이다. 따라서 명상자는 자신이 바라밀을 갖고 있는지 아닌지를 판가름하면서 시간을 보내서는 안된다.

명상자는 다음의 중요한 사항을 마음에 새기고 그의 목적을 달성하기 위하여 최대한의 노력을 해야 한다.

바라밀의 발전은 노력 없이는 불가능하다. 만약 그가 바라밀을 충분히 발전시켰다 해도 노력 없이는 어떠한 길도 얻을 수 없다.

이러한 사람은 만약 노력을 기울인다면 그 길을 쉽고 빠르게 얻을 수 있다. 만약 그가 노력해서 바라밀을 더욱 발전시키고 성숙하게 했을때 그가 바라는 길을 얻을 수 있다. 최소한 그는 다음에 태어날 때 길을 수확하기 위하여 지금 씨를 뿌리고 있는 것이다.

조 언

오늘날 고통의 세계로부터 해방되기 위해서 그리고 '길—성취—니르바나'(비파사나 명상의 최고의 목표)를 얻기 위해서 가장 열정적으로 진지하게 노력하는 자들은 앞에서 말한 몸, 느낌, 의식 그리고 정신적 대상들에 대한 명상, 다른 말로 사티파타나

(Satipatthâna ; 늘 깨어있는)명상이라고 불리는 것으로 수련하는 것을 충분히 배웠으리라 한다.

사실 이것은 누구나 '반드시 해야 하는 것'이다.

특별한 주의

이책에서 설명한 비파사나 명상의 방법은 지적인 능력을 갖고 있는 자에게는 충분한 설명이 되었을 것이다. 그러한 사람은 이 책을 읽고 확고한 신념, 열망 그리고 용맹 정진으로 이 명상들을 수련할 것이며, 그리고 그들은 반드시 발전할 것이다. 그렇지만 명상자들이 겪는 경험의 자세한 내용과 통찰의 발전단계는 이 짧은 책에서 완전히 설명하는 것은 불가능한 것임을 지적해 두고자 한다.

아직도 설명해야 될 부분이 많이 남아있다. 또한 명상자들이 겪은 경험을 전부 설명하지도 못했다. 명상자들 중에도 자신의 능력에 따라서 많은 차이가 있다. 자신의 신념, 바램, 정진은 항상 끊임없이 지속되지는 않는다. 더 나아가 스승이 없이 전적으로 책의 설명에 의존하는 명상자는 마치 아직 어떤 특정한 장소를 여행해 보지 않은 여행자처럼 조심스럽게 머뭇거릴 것이다. 따라서 그러한 사람이 만약 자신을 가르치고 격려해줄 스승이 없이 계속 정진한다면 길—성취—니르바나를 얻는 것이 분명히 쉬운일은 아니다.

그렇기 때문에 자신의 삶의 목표 즉 길—성취—니르바나를 얻기 위해 명상수련을 하려는 자는 완전한 능력을 갖춘 스승을 찾아야 한다. 그러면 그 스승은 제자를 통찰의 가장 낮은 단계로부터 길, 성취 그리고 재관찰의 최고의 앎까지 항상 그길을 가르쳐 줄 것이다.

이와 관하여 상윳타 니가야(相應部)에서는 다음과 같이 가르치고 있다.

'스승은 늙음과 죽음에 대해서 그것을 있는 그대로 알수 있도록 가르쳐 주어야 한다. 만약 누군가가 자만심에 차서 나도 이제는 알만큼 안다. 그런데 내가 왜 다른 사람에게 배울 것인가? 라고 생각하면 그는 그러한 자만심을 버리도록 잘 조언 해 줄 것이다.'

명상자는 부처님께서 말씀하신 다음의 충고를 가슴에 새기면서 목표를 달성할 때까지 부지런히 용맹 정진해야 할 것이다.

'마음이 나태하지 않고 부지런히 정진 하는 자는
모든 고통으로부터 해방 된 니르바나를 얻으리니,
선남자여, 참으로 견줄수 없는자여,
마지막 고통의 짐을 벗어버린, 마군(Mara)의 정복자여!'

부　록

다음의 내용은 《염처경》에서 중요한 내용을 간추린 것을 저자 마하시 사야도우가 주석을 달았다. 이것은 부처님께서 가르치신 비파사나 명상수련 이므로 '늘 깨어있는 삶'을 살아가는데 많은 도움이 될 것이다.

명상의 방법

《염처경》은 다음과 같이 설명하고 있다.

1) 그리고 더 나아가, 비구들이여, 수행자가 걷고 있을때는 다음과 같이 의식해야 한다. —'나는 걷고 있다'— 또는 수행자가 서 있거나, 앉거나, 누워있을 때는 그는 그것들을 의식하고 있어야 한다.

2) 그리고 더나아가 비구들이여 수행자가 떠나거나 돌아오거나, 바라보거나, 눈길을 돌리거나, 그의 팔다리를 구부리거나 펴거나, 옷을 입거나 벗거나, 그릇을 씻거나 또는 먹고, 마시고, 씹고, 맛볼때 또는 화장실에 가있을때 그는 자신이 하고 있는 것을 의식하고 있어야 한다. 가고, 서고, 앉고, 잠자고, 보고, 말하고, 침묵을 지킬때 그는 자신이 하고 있는 것을 알아야 한다.

3) 그리고 더 나아가 비구들이여, 수행자는 이몸에 대해서 이것이 어떻게 만들어졌고, 무엇으로 구성(즉 4대요소) 되었는지에 대해서 관찰해야 한다.

4) 오, 비구들이여 수행자는 즐거운 기분을 느낄때는 그것을 의식하고 '나는 즐거운 기분을 느끼고 있다'고 관찰한다. 마찬가

지로 그가 고통스러운 느낌을 받을때도 그것을 의식한다.

오 비구들이여, 수행자가 만약 탐욕스러운 마음이 생기면 이 것을 의식해야 하며, 또는 탐욕에서 자유로우면 그것을 알고 있어야 한다.

5) 오 비구들이여, 수행자가 감각적 욕망이 생기면 그것을 의식하고 있어야 하며 '나는 감각적 욕망을 갖고 있다'고 관찰해야 한다.

1. 배의 나오고 들어가는 움직임

배의 나오고 들어가는 움직임을 명상하는 것은 부처님의 가르침과 매우 일치한다. 이러한 배의 나옴과 들어감은 공기요소의 압력에 의해서 야기되는 물질적인 과정이다.[1]

공기요소는 다섯가지의 물질의 모임인 오온(skandh)에, 12 處(ayatana)의 촉각의 대상에, 18 요소(dhatu)의 몸의 느낌에, 4 사대(maha-bhuta)의 바람의 요소에, 사성제(四聖諦)의 괴로

---

1) 이러한 부처님의 가르침을 일상적인 언어로 표현하면 다음과 같다.
   배가 나오는 동안에는 '나옴', 배가 들어가는 동안에는 '들어감'
   팔다리를 구부리는 동안에는 '구부림', 팔다리를 펴는 동안에는 '폄' 마음이 산란할 때는 '산란함', 생각, 관찰 또는 앎에 전념하고 있을때는 '생각함, 관찰함' 또는 '알고 있음' 딱딱함, 더움 또는 고통을 느낄때는 각각에 그 느낌을 알고 있으며 또한 '걷고, 서고, 앉음' 각각의 자세에 대해서도 그 상태를 알고 있어야 한다.
   여기서 주목해야 할 것은 팔리경전에서 '내적인 공기의 요소의 움직임을 알아차려서 팔다리의 움직임을 뚜렷이 의식한다' 대신에 걷고 있음 등등의 평범한 언어를 사용한 것이다.

움의 진리에 포함되어 있다.

　물질적 모임, 접촉의 대상, 몸의 느낌, 괴로움의 진리들은 확실히 통찰 명상의 대상이다. 분명히 그것들은 서로 다르지 않다. 따라서 배의 나오고 들어가는 움직임은 매우 적절한 명상의 대상이며, 그렇게 명상하는 동안 이것은 단지 공기요소의 움직임이며, 무상, 괴로움, 무아의 법칙에 지배되는 것을 알아차리는 것은 부처님의 가르침과 일치한다.[2]

　1) 비구들이여, 그대의 마음을 철저하게 몸에 주시하면서 그것의 진실한 본성을 무상함으로 보도록 하라.

　2) 비구들이여, 수행자가 무상한 그의 몸을 무상함으로 볼때, 그의 이러한 견해는 올바른 견해이다.

　3) 오 비구들이여, 수행자는 이와같이 생각해야 한다. '이것은 물질적인 형상이다. 이것은 그것의 일어남이다. 이것은 그것의 사라짐이다.'

　4) 비구들이여, 그대의 마음을 접촉의 대상에 철저히 주시하라. 그리고 그것들의 진실한 본성을 무상함으로 보도록 하라.

　5) 비구들이여, 수행자가 접촉의 대상을 무상함으로 본다면 그의 이러한 견해는 올바른 견해이다.

　6) 그러나 접촉의 대상을 완전히 알며, 이해하며, 그것으로부터 자신을 멀리하고 그것을 떨쳐 버리면서 수행자는 고통을 소

---

[2] 이와같이 배의 나오고 들어가는 움직임의 명상은 위에서 설명한 것과 일치하고, 또한 염처경에서 여러가지 요소들을 관찰하는 것과 일치한다.
　다시 배의 움직임과 압력을 야기시키고 육체의 모임에 구성되어 있는 공기의 요소는 괴로움의 진리에 속한다.

멸시킬 수 있다.

7) 접촉의 대상을 무상한 것으로 알고 보는 자에게 무지는 사라지고, 지혜가 일어난다.

8) 오 비구들이여, 수행자는 접촉의 감각기관을 알고 있어야 한다.

9) 움직임의 내적인 요소가 무엇이든지간에, 그리고 움직임의 외적인 요소가 무엇이든지간에, 이것들은 단지 움직임의 요소들일 뿐이다. 완전한 직관적 지혜에 의하여, 이것은 사실 그대로 보아야 한다. '이것은 나의 것이 아니다. 이것은 나가 아니다. 이것은 나의 자아가 아니다.'

10) 그리고 비구들이여, 괴로움에 대한 진리는 무엇인가? 말하자면 괴로움은 다섯가지 물질의 모임(오온)이다. 비구들이여, 그럼으로 괴로움은 완전히 이해되어야 한다.

2. 처음은 유형의 물질을 갖고 시작한다.

비파사나(통찰) 명상을 수련하는 자는 유형의 물질로 시작해야 하는데, 이것은 정신적인 것보다 훨씬 쉽게 구별할 수 있기 때문이다.[3]

1) 통찰명상을 하는 자는 4가지 요소 ― 지, 수, 화, 풍 ―를 구별한다.

2) 명상은 명상자가 명백하고 쉽게 구별해서 이해할 수 있는 것으로부터 시작한다.

3) 통찰명상은 구별할 수 있는 것으로 시작한다. 따라서 명상은 구별해서 이루어져야 한다. 그러나 쉽게 구별될 수 없는 것도 나중에는 어떻게든지 구별되고 이해되어야 한다.

3. 여섯개의 감각기관에서 일어나는 것을 명상하라.

여섯개의 감각기관에서 일어나는 모든 것에 대해 명상을 해야 하지만, 그것에 대해서 어떻다는 생각을 내어서는 안된다.[4]

1) 그는 보는 대상에 대하여 아무런 번뇌의 씨앗을 만들지 않

---

3) 또한 앞에서 말한 주석서와 주해서에 의존해서 명상자에게 명상을 용이하게 하기 위하여 배가 나오고 들어가는 움직임을 관찰하는데서 시작하고 가르쳤다.

그렇지만 집중이 발전되었을때, 명상은 여섯개의 감각기관에서 일어나는 모든 것에 대하여 이루어져야 한다. 이것에 대한 효과는 이미 명상자들에게 설명해 주었다.

가르쳐준대로 명상자는 명상을 매우 잘 할 수 있다. 따라서 오로지 배가 나오고 들어가는 움직임을 명상하는 것만으로도 충분한 것은 의심의 여지가 없다.

4) 배의 나옴과 들어감을 명상할때 그 움직임을 아는 자는 대상에 대하여 아무런 번뇌의 일어남을 느끼지 않고, 주의깊고 분명한 관찰로 감각(번뇌)을 극복할 수 있다.

5) 위의 귀절에서 '완전히 앎'은 여섯개의 감각기관에서 물질적, 정신적인 일어남을 주의깊게 관찰하는 것을 의미한다. 배의 나옴과 들어감의 움직임을 관찰하는 것은 '유형의 것을 완전히 알아야 한다'에 포함된다.

그러면 완전히 알아야 할 모든것은 무엇인가? 눈, 시각적 대상을 완전히 알아야 하며, 눈의 접촉을 완전히 알아야 하며, 눈의 접촉때문에 일어나는 행복, 슬픔, 중립인 상태를 또한 완전히 알아야 한다.

눈을 완전히 알아야 하고, 소리를 완전히 알아야 하고, 코, 냄새, 혀, 맛, 몸을 완전히 알아야 하고, 유형의 것을 완전히 알아야 하고, 마음을 완전히 알아야 하고, 마음의 상태를 완전히 알아야 한다.

는다. 그러나 주의깊고 분명한 관찰로 감각(번뇌)을 극복할 수 있다. 평온한 마음으로, 집착에 매달리지도 않는다.

2) 그는 듣고, 냄새맡고, 맛보는 대상에 대하여 또는 접촉의 대상에 대하여 아무런 번뇌를 느끼지 않는다. 그러나 주의깊고 명료한 관찰로 감각(번뇌)을 극복할 수 있다. 평온한 마음으로 집착에 매달리지 않는다.

3) 비구들이여, 모든 것은 완전히 알아야 한다.[5]

4) 비구들이여, 눈을 이해하여야 하며, 시각적 대상이 이해되어야 하며, 몸이 이해되어야 하며, 유형의 것을 이해하여야 하며, 마음을 이해하여야 하며, 마음의 상태를 이해하여야 한다.

4. 이전에 선정의 경험이 없는 자의 통찰명상

이전에 定(Jhana)의 경험이 없이 통찰(비파사나) 명상을 직접적으로 시작하는 것은 가능하다.[6]

1) 그러므로 어떤 이들은 이전에 선정을 닦지 않고 오온의 집착을 무상함 등으로 명상하였다. 이러한 명상은 통찰명상이다.

2) 다섯가지 모임(오온)은 존경스러운 수행자가 무상, 고통, 아픔, 병듬, 일시적인, 비어있는, 무아의 방법으로 곰곰이 생각해야 하는 조건들이다.

예류과에 있는자도 집착의 다섯모임을 이와같이 명상한다.

한번 돌아오는자(一來者)도 그렇게 명상한다.

다시 돌아오지 않는자(不還者)도 그렇게 생각한다.

과연 비구니들이여, 존경스러운 수행자가 이같은 방법으로 다섯가지 모임(오온)을 명상하면 예류과를 깨달을 수 있다.

예류자가 일래과를 깨달을 수 있다. 일래자가 불환자를 깨달을 수 있다. 불환자가 아라한과를 깨달을 수 있다.[7]

---

6) 여기서 말하고자 하는것은 이전에 완전한 집중을 얻기위해 수련해본 경험이 없이도 통찰명상을 시작하는 것이 가능하다는 것이다.

어떤 사람의 수련방법이 통찰명상인 사람은 사대(지, 수, 화, 풍)을 구별할 수 있다고 설명하고 있는데, 이것은 또한 이러한 가능성을 보여주고 있다.

이외에도 염처경의 21개 부분이 숨쉬는 것을 다루는 것을 제외하고 모두가 육체의 혐오감 그리고 9개의 공동묘지에 대한 명상들을 보여주고 있는데, 이것은 통찰명상이 그것들에 의해서도 가능하다는 것을 보여주고 있다.

주석서들은 이 부분들이 근접 집중을 다루고 있다고 설명하고 있는데, 근접 집중은 몸의 자세와 기타 등등에 대해서 명상하는 동안 다섯가지 장애를 극복하고 마음의 순수함을 얻었을때 발전되는 것이다.

따라서 비수디마가(청정도론)는 통찰명상과 연관된 물질적 요소의 관찰을 다루고 있는데 '요소의 구별'이라 불리는 주제에서 사대를 명상하는 동안에 장애가 극복되고 집중의 접근이 얻어지는 것을 가리키고 있다.

여기서 강조하는 것처럼 사대나 또는 사대중 하나, 둘, 셋을 명상하는 동안에 근접 집중이 발전될 수 있고 장애가 극복될 수 있으며 마음의 순수가 얻어질 수 있다는 사실을 확실하게 믿고 마음속에 새겨야 할 것이다. 이것은 명상을 부지런히 수련하는 자의 개인적인 경험이다.

7) 이러한 과정은 고결한 자는 다섯가지 집착의 모임을 잘 명상할 수 있으며, 그렇게 명상하면서 깨닫고 실제적으로 예류과, 일래자, 불환과 그리고 아라한을 얻는 것을 분명하게 보여준다.

배의 나옴과 들어감의 움직임은 유형들의 모임(육체)에 포함된 공기의 요소때문이다. 따라서 여기서 분명히 기억해 두어야 할 것은 배의 나옴과 들어감의 움직임에 근거를 둔 명상방법과 여섯개의 감각기관에서 일어나는 다섯개의 집착의 모임(오온)에 대한 명상은 정확하고 올바르게 아라한과의 실현으로 이끈다는 사실이다.

결론적으로 신체의 어느 부분에서라도 물질의 본성을 명상하는 것은 매우 필요하며 또한 몸의 어느 부분에서라도 공기요소를 명상하는 것이 중요하다는 사실을 항상 염두해 두어야 할 것이다.

역자 소개

역자 정동하는 한국외국어대학교 중국어과 졸업.
한국정신문화연구원 한국학 대학원 종교철학과 졸업하고
여러 훌륭한 종교적 스승들을 만나면서 여러가지 종교적 수련을
경험하였다.
그 과정에서 부처님께서 직접 가르쳤던 비파사나명상법이 쉽고
보편적인 방법으로서 현대인에게 적합한 수련법임을 인식하게
되었다.
현재는 재소자 교화에 뜻을 두고 교정직 공무원으로 근무하고
있으며 상담가로도 활동하고 있다.

저 서 : 형사정책
　　　　교정심리학
역 서 : 오직 그대 자신을 등불로 삼아라.

깨달음으로 이끄는 명상

지은이 — 마하시 사아도우
옮긴이 — 정 동 하
펴낸이 — 이 규 택

佛紀 2539年(1995)　9月　15日　初版 1쇄 發行
佛紀 2547年(2003)　2月　20日　初版 2쇄 發行
佛紀 2560年(2016)　6月　30日　初版 3쇄 發行

펴낸곳 — 經　書　院
주　소 — 110-170
서울시 鐘路區 堅志洞 55-2
登錄　1980. 7. 22. 제1-37호
☎ 편 집　(02) 733—3345
☎ 영 업　　　733—3346
☎ FAX　(02) 722—7787

값 10,000 원

* 파본은 바꾸어 드립니다.